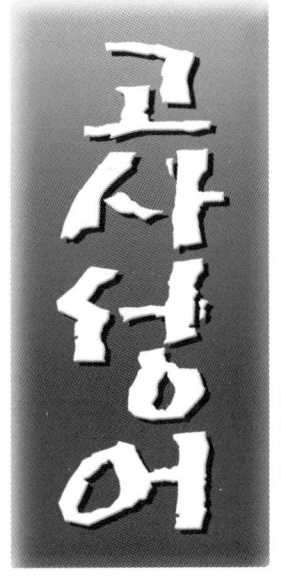

이야기 고사성어

엄기원 엮음

한국독서지도회

책 머리에

'고사 성어'를 펴내면서

짧은 글 속에 담긴 감동, 교훈적인 이야기

고사성어는 격언, 속담과 더불어 우리의 일상 생활에 많은 지혜와 교훈을 주고 있는 짧은 말로서, 모두가 한자로 이루어진 것이 특징이라 하겠습니다.

대부분 중국에서 만들어진 고사성어는 다른 낱말처럼 저절로 만들어진 것이 아니라, 하나의 사건을 통하여, 혹은 사건을 배경으로 하여 만들어진 말입니다. 그렇기 때문에 비롯된 이야기나, 그 말의 뜻을 교훈삼아 후세 사람들이 직접 실천한 이야기들이 매우 감동적이고 재미있습니다.

이 책에서는 그런 감동적인 이야기를 싣는 한편, 어떤 고사성어에는 전래동화, 우화 등을 실어 그 참뜻을 깨닫는 데 큰 도움이 되도록 구성해 놓았습니다.

또한 한자 공부는 눈으로 익히는 데서 끝나면 아무 소용이 없습니다. 한 자 한 자 정성껏 따라 쓰면서 그 음과 훈을 자기의 것으로 만들어야 합니다. 이 책에 '스스로 한자

익히기 난'이 실린 까닭도 여기에서 비롯한 것입니다.
　고사성어는 수백 가지지만 초등학교 때부터 학습과 언어 생활, 일상생활에 큰 도움이 될 48가지를 가려 뽑아 여기 한 권의 책으로 엮었습니다.

차 례

- 11 감언이설 (甘言利設)
  수탉과 여우

- 15 개과천선 (改過遷善)
  건달 주쳐 이야기

- 19 견물생심 (見物生心)
  형과 아우

- 24 고진감래 (苦盡甘來)
  콩쥐 팥쥐

- 28 관포지교 (管鮑之交)
  관중과 포숙아

- 32 군계일학 (群鷄一鶴)
  최 부사와 팔마비

- 36 금지옥엽 (金枝玉葉)
  덕보의 아내

- 41 기우 (杞憂)
  기나라 사람의 걱정

- 45 다다익선 (多多益善)
  한신과 유방

- 49 단기지교 (斷機之敎)
  맹자와 한석봉

- 53 대기만성 (大器晚成)
  평강 공주와 바보 온달

- 57 동고동락 (同苦同樂)
  피에로와 프랑스 장군

- 61 동병상련 (同病相憐)
  오자서와 백미

- 65 등용문 (登龍門)
  이응과 시험

- 69 맹모삼천 (孟母三遷)
  맹자 어머니의 교육

- 73 맹인모상 (盲人摸象)
  코끼리와 소경

차 례

77 모순 (矛盾)
　　창과 방패

81 목불인견 (目不忍見)
　　임금과 군인

86 무용지용 (無用之用)
　　3형제 이야기

93 문경지교 (刎頸之交)
　　인상여와 염파

98 문전성시 (門前成市)
　　애제와 정숭

103 배수진 (背水陣)
　　한신과 강물

107 배은망덕 (背恩忘德)
　　늑대와 호랑이

112 부화뇌동 (附和雷同)
　　아버지와 아들

116 사면초가 (四面楚歌)
　　항우와 장량

120 사족 (蛇足)
　　진진과 소양

124 사지 (四知)
　　양진과 왕밀

128 사필귀정 (事必歸正)
　　인도 할머니와 스님

134 삼고초려 (三顧草廬)
　　유비와 제갈량

139 살신성인 (殺身成仁)
　　성충과 계백

143 새옹지마 (塞翁之馬)
　　변방 늙은이와 말

147 수어지교 (水魚之交)
　　물과 물고기

차 례

- 151 아전인수 (我田引水)
  개와 양
- 155 양두구육 (羊頭狗肉)
  영공과 안자
- 159 어부지리 (漁父之利)
  조개와 물새
- 163 역지사지 (易地思之)
  임금님과 구둣방 영감
- 170 우공이산 (愚公移山)
  우공과 옥황 상제
- 174 유비무환 (有備無患)
  위강과 이율곡
- 178 일거양득 (一擧兩得)
  변장자와 진진
- 182 자업자득 (自業自得)
  소금장수와 당나귀
- 186 자포자기 (自暴自棄)
  토끼와 개구리
- 190 전화위복 (轉禍爲福)
  노루목 칠복이
- 194 조삼모사 (朝三暮四)
  저공과 원숭이
- 197 주경야독 (晝耕夜讀)
  가난을 이겨 낸 사람
- 201 철면피 (鐵面皮)
  왕강원의 얼굴
- 206 퇴고 (堆敲)
  가도와 한유
- 210 형설지공 (螢雪之功)
  차윤과 손강
- 215 화룡점정 (畵龍點睛)
  장승요와 스님

수탉과 여우

감언이설(甘言利說)
남의 비위에 들도록 듣기 좋게 꾸미거나
이로운 조건을 내세워 그럴 듯하게 꾀는 말

'수탉과 여우'라는 이솝 우화가 있다.
'아유, 배고파라. 어디 좋은 먹이가 없을까?'
어느 날 아침, 산 속의 여우가 먹이를 찾아 마을로 어슬렁어슬렁 내려왔다. 때마침, 어떤 초가집 돌담 위에서 잘생긴 수탉이 힘차게 울고 있었다. 이 소리를 들은 여우는 나무 밑에서 발걸음을 멈추고 수탉이 우는 모습을 바라보며 군침을 삼켰다.
'저 녀석, 목청도 좋구나. 저 살찐 닭을 잡으면 배불리 먹을 수 있을 거야.'
여우는 다시 길로 나와 점잖게 걸어서 수탉이 있는 집으로 갔다. 그러나 수탉은 여우를 본체만체하며,
'꼬꼬꼬오~.'
하고 목청을 뽑으며 아침 노래를 부르는 것이었다.
"아, 수탉님! 목소리가 참 아름답습니다. 기분이 매우 좋으신 모양이군요."
여우가 상냥한 목소리로 말을 걸었다.
"글쎄 나야 아침마다 이 무렵이면 시각도 알릴 겸, 이렇

게 노래를 부르지요."
"수탉님! 마침 심심해서 아침 산책을 나왔어요. 웬만하면 이리로 내려와서 나랑 이야기나 좀 나눕시다. 나는 평소에 수탉님을 매우 존경하였지요."
여우는 한층 부드러운 목소리로 수탉에게 말을 걸었다.
"말은 고맙소만, 나는 위험한 친구에게는 가까이 가지 않는답니다."
이 말을 들은 여우는 속으로 몹이 달았다. 그러나 겉으로는 아무렇지도 않은 체하며 말을 하였다.
"아니, 무슨 섭섭한 말씀을 그렇게 하십니까? 엊그제 숲 속의 모든 동물들이 모여서, 이제부터는 절대 싸우지 말고 친구처럼 지내자고 회의에서 결정한 사실을 여태 모르십니까?"
"아, 그래요? 난 그걸 몰랐죠. 그거 참 잘한 일이군요."

이 말을 들은 여우는 더욱 흥이 났다.
"그래서 이런저런 소식을 수탉님께 제일 먼저 알려 드리려고 이렇게 왔지요."
"고맙지만 그런 소식을 우리 집 사냥개에게 먼저 알려 주는 게 어떨까요? 서로의 안전을 위해서 그게 좋을 것 같은데……."
여우는 수탉의 말을 듣고 정신이 번쩍 들었다.
"아니, 이 댁에 사냥개가 있단 말씀이오?"
"있다마다요. 몸집이 아마 여우님의 두 배는 될까? 걸음은 또 얼마나 빠르다고요."
이 말을 들은 여우는 그만 간이 콩알만해졌다.
"아, 이만 실례하겠어요. 바쁜 일이 생겨서……."
"잠깐만 기다리시오. 지금 사냥개가 대문 쪽으로 오고 있군요."
그러자 여우는 그만 '오금아, 날 살려라!' 하고 돌아서서 쏜살같이 달아나 버렸다.
수탉은 달아나는 여우 꽁무니에 대고 입술을 삐죽 내밀었다.
'꾀 많은 여우 녀석, 흥! 그 달콤한 감언이설에 내가 속을 줄 알고?'

 **감언이설**: 달콤한 말과 이로운 조건을 내세워 꾀는 말

甘	言	利	設
달 **감**	말씀 **언**	이로울 **이**	말씀 **설**
甘	言	利	設

고사성어 건달 주처 이야기

개과천선(改過遷善)
지난날의 잘못을 뉘우치고 새롭게 착한 사람이 된 것을 이르는 말로, 흔히 못된 일을 저지른 사람이 좋은 일을 할 때 씀.

《진서》의 〈본전〉에 이런 이야기가 나온다.
 진나라 혜제 임금 때, 주처라고 하는 건달이 있었다. 주처의 아버지는 파양이란 고을의 태수를 지냈으나 주처가 여남은 살 때 세상을 떠났다.
 주처는 아버지의 가르침과 보살핌을 잃은 뒤부터는 점점 방탕해져 하루 종일 빈둥빈둥 놀기만 하였다.
 그러나 단 한 가지 몸은 몹시 튼튼하고 강하여 그의 힘을 따를 사람이 없었다. 여남은 살 먹은 주처가 열일곱, 열여덟 살짜리와 모래판에서 씨름을 해도 모두 들어 메쳐 버리곤 했다. 그래서 동네 사람들은 혀를 내둘렀다.
 "주처 녀석은 장사로구나."
 주처가 나이를 한 살 두 살 더 먹게 되자 점점 행패가 심해져, 그를 두려워하지 않는 사람이 없게 되었다.
 이러던 주처도 스무 살이 되자 철이 들었다. 주처는 지난날의 잘못을 깨닫고 굳은 결심을 하기에 이르렀다.
 '지난 허물을 고치어 새로운 사람이 되겠다.'
 그리고는 어느 날 마을 사람들 앞에서 이렇게 말했다.

"여러분! 지금은 세상이 평화로워 모두들 먹고 입고 사는 데 걱정이 없습니다. 그런데 왜 여러분은 나만 보면 얼굴을 찡그리십니까?"
이 말을 듣고 한 사람이 이렇게 대답하는 것이었다.
"세 가지 해로움이 걷히지 않았는데 어찌 태평하다고 하겠는가?"
"아니, 세 가지 해로움이라니요?"
주처는 이상해서 되물었다.
"첫째는 남산에 있는 호랑이, 둘째는 마을 앞에 놓인 다리 아래에 있는 교룡(용의 일종), 셋째는 사람 구실을 못하는 주처 자네일세! 알아듣겠나?"
이 말을 들은 주처는 깜짝 놀랐다.
'내가 얼마나 사람답지 못하면 호랑이, 용과 더불어 해로운 것으로 손꼽힌단 말인가?'
이렇게 생각한 주처는 더욱더 바른 사람이 되겠다고 다짐하였다.

"여러분! 제가 어떤 방법으로든지 세 가지 해로움을 제거하겠습니다. 저를 지켜 봐 주십시오."
"그래, 자네가 그렇게만 해 준다면 얼마나 고맙겠나."
 마을 사람들은 주처에게 박수를 보냈다.
 주처는 다음 날, 긴 칼을 차고 남산에 올라가 사나운 호랑이를 단칼에 베어 버렸다. 그런 뒤에 호랑이 가죽을 벗겨 가지고 내려왔다. 이것을 본 마을 사람들은 깜짝 놀라는 낯빛이었다.
 주처는 다시 다리 밑 물로 뛰어들어 교룡과 싸움을 벌였는데, 사흘 밤낮이 지나도 돌아오지 않았다. 그래서 마을 사람들은 주처가 틀림없이 교룡에게 잡아 먹힌 거라고 생각하였다. 그런데 나흘 만에 주처는 교룡을 죽이고 몹시 지친 몸으로 돌아왔다. 그런 뒤에 주처는 마을 사람들에게 인사를 하고 고향을 떠났다.
 그는 동오라는 곳으로 가 대학자 육기와 육운 두 형제를 만났다. 그리고 그들에게 지난날 자기가 저질렀던 잘못을 솔직하게 고백하였다.
"선생님, 저는 못된 짓을 많이 했습니다. 그러나 이제부터 뜻을 세워 착한 사람이 되고자 고향을 떠나 선생님 두 분을 찾아왔습니다. 바르게 이끌어 주십시오."
 이 말을 들은 육운과 육기는 감동하여 주처를 격려해 주었다.
"지난 허물을 고쳐 착한 사람이 된다면 자네 앞길은 참으로 빛날 것이네!"
 주처는 10년 동안 그 곳에서 학문과 덕을 쌓아 마침내 유명한 대학자가 되었다.

 **개과천선**: 과거의 허물을 뉘우치고 새롭게 착한 사람이 됨.

改	過	遷	善
고칠 **개**	지날 **과**	옮길 **천**	착할 **선**
改	過	遷	善

고사성어 형과 아우

견물생심(見物生心)
사람은 흔히 물건을 보면 자기도 모르게 그 물건을 갖고 싶어하는 마음이 생긴다는 뜻

옛날 어떤 마을에 의좋은 형제가 살고 있었다.

집도 나란히 지어 정답게 살았다. 어려운 일이 있을 때면 힘을 합쳐서 금방 이겨 내곤 하여 다른 사람들이 매우 부러워하였다.

하루는 그 형제가 먼 길을 가게 되었다. 형제가 함께 이 얘기 저 얘기 이야기꽃을 피우면서 어느 산길을 걷고 있는데, 길가에 웬 주머니 하나가 떨어져 있는 게 아닌가!

"형님, 길에 웬 주머니가 떨어져 있을까요?"

"글쎄 말이다. 누가 흘린 모양인데."

"형님, 주워 볼까요?"

"그러자꾸나. 이크! 이건 큰 황금덩이가 아니냐?"

"아, 정말 큰 횡재를 했네요."

"이걸 어쩐담? 여기 그냥 놔 두면 누가 집어갈 테고."

"글쎄요. 우리가 가지고 갑시다. 가다가 혹시 잃어버린 주인을 만날지 모르니까요."

"그러자꾸나."

형제는 길에서 주운 금덩어리를 번갈아 들고 만져 보면서

다시 가던 길을 갔다.
 그러나 두 형제의 마음 속에서 이상한 생각이 싹트기 시작하였다.
 '형님이 아니면 이 큰 금덩이를 나 혼자 가질 수 있었는데……'
 '아우만 없다면 금덩어리는 내가 독차지할 텐데.'
 형과 아우는 한동안 말없이 길을 걸었다.
 얼마쯤 걷다 보니 강물이 나왔다. 형제는 거룻배를 타고 강을 건너게 되었다.
 배가 강 한가운데쯤 이르렀을 때 형이 입을 열었다.
 "동생, 아무래도 이 금덩어리를 강물에 던져 버렸으면 하네."
 "형님 저도 똑같은 생각입니다. '견물생심'이라더니 금덩어리를 주운 뒤부터 쓸데없는 욕심이 생기더군요."
 "나도 그런 마음이 생겼네. 금덩어리보다는 형제간의 우애가 더 값진 게 아니겠나? 자, 우리 함께 이 금덩이를 깊은 강물에 던져 버리세."

형제는 들고 있던 금덩어리를 힘을 합하여 멀리 던져 버렸다. 그리고 서로 얼싸안고 한바탕 웃었다.

"휴우, 인제 마음이 아주 시원하군!"

* * *

어떤 회사에서 신입 사원을 뽑게 되었다. 신문 광고를 보고 많은 젊은이들이 이력서를 들고 회사에 찾아왔다.

그 회사 상무가 접수된 이력서 묶음을 들고 사장실로 들어갔다.

"사장님, 한 사람을 뽑는데 백 명도 넘게 몰려 왔습니다. 그래서 제가 미리 이력서를 보고 일류 대학을 나온 사람으로 열 명쯤 추렸습니다."

상무는 매우 흐뭇한 표정으로 말하면서 이력서를 내미는 것이었다.

"알았어요. 그러나 내가 뽑고자 하는 사원은 일류 대학과는 관계가 없으니 나가 보시오. 신입 사원은 내가 직접 뽑을 것이니 접수 차례대로 한 사람씩 내 방으로 들여보내 주시오."

사장은 이렇게 말한 뒤 젊은이를 한 사람씩 직접 면접하고 내보내는 것이었다. 그 회사에 취직하고 싶어하는 젊은이들은 잘 차려입고, 면접 때 물어 보는 질문에 대답할 말까지 집에서 열심히 익혀 왔다. 그런데 사장은 웬일인지 겨우 이름만 물어 보고는 내보내는 것이었다.

다음 날 합격자가 발표되었다.

'○○ 초등 학교를 졸업한 박순돌'

사람들은 깜짝 놀랐다. 일류 대학을 나온 젊은이들도 많은데, 하필이면 초등 학교밖에 못 나온 시골뜨기를 뽑다니…….

그러나 사장은 회사 직원들 앞에서 이렇게 말했다.

"사람은 누구나 좋은 물건이나 돈을 보면 마음이 변하기 쉽지요. 그런데 이 젊은이는 그런 데에 휩쓸리지 않을 만큼 마음이 바르고 굳었어요. 그래서 이 사람을 뽑은 것이오."

면접할 때, 사장은 몰래 여기저기 돈을 떨어뜨리고 멀리서 살펴보았는데, 돈에 손대지 않은 사람은 박순돌 한 사람뿐이었던 것이다. ❆

 **견물생심**: 물건을 보면 욕심이 생긴다는 뜻

見	物	生	心
볼 **견**	물건 **물**	날 **생**	마음 **심**
見	物	生	心

고사성어 콩쥐 팥쥐

고진감래(苦盡甘來)
고생 끝에 즐거움이 온다는 뜻으로, 온갖 괴로움을 참고 견디면 반드시 기쁨이 있다는 뜻

콩쥐와 팥쥐는 낳은 어머니가 다른 자매이다.

콩쥐 어머니가 갓난아기 콩쥐를 남겨 두고 세상을 떠나자, 아버지는 혼자서 콩쥐를 키울 수 없어 새엄마를 맞아들였는데, 새엄마는 딴 데서 낳은 아기를 데리고 왔다. 그 아기가 팥쥐였다.

새엄마는 자기가 낳은 팥쥐만 귀여워해 주고, 콩쥐는 날마다 날마다 구박하였다. 아버지가 있을 때는 콩쥐를 팥쥐보다 더 위해 주는 체하다가 아버지만 없으면 콩쥐를 죽도록 미워하고 매질도 하였다.

새엄마는 콩쥐가 대여섯 살이 되자 부엌에서 밥을 짓게 했고, 어두운 밤에는 바느질도 시켰다. 하지만 팥쥐는 늘 놀게 내버려 두곤 하였다.

아버지가 안 계신 어느 날 밤이었다. 새엄마가

콩쥐에게 옷감을 주며 말했다.

"밤 사이에 내 치마 저고리와 우리 팥쥐 색동옷을 다 바느질해 놓아라. 내일 아침에 입고 놀러 갈 거니까 말이야."

이렇게 많은 일을 시켜 놓고 새엄마는 팥쥐와 쿨쿨 자는 것이었다. 새엄마는 기름이 아깝다고 등잔마저 감춰 버렸다.

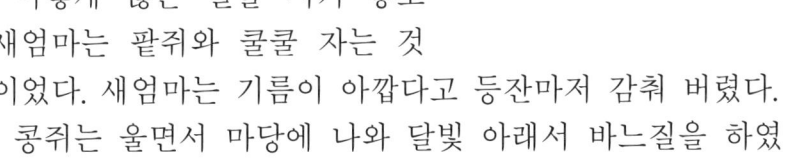

콩쥐는 울면서 마당에 나와 달빛 아래서 바느질을 하였다. 새벽에 달이 진 뒤에는 반딧불을 비추어 가며 손을 놀렸다.

콩쥐는 밤새도록 바느질을 하여 새옷을 새엄마와 팥쥐 앞에 내놓았다.

"아니, 요것이……네가 어떻게 밤새 옷 두 벌을 바느질했단 말이냐? 누가 대신해 줬지?"

새엄마는 트집을 잡아 때리기까지 하였다.

그러던 어느 날이었다.

"오늘은 밭을 매야겠다. 팥쥐는 집 앞 배추밭을 매고, 언니인 콩쥐는 집 뒤 묵은 풀밭을 매라."

그러면서 팥쥐에겐 쇠호미를 주고, 콩쥐에겐 나무호미를 내주었다.

'아니, 묵은 풀밭을 어떻게 나무호미로…….'

콩쥐는 걱정이 태산 같았지만 새엄마가 주는 나무호미를 들고 풀밭으로 갔다.

"히히히. 엄마, 나무호미를 가진 콩쥐 언니는 풀밭을 한 발도 못 맬 거야. 그렇지?"

"암, 콩쥐년 어디 한번 혼 좀 나봐라!"

팥쥐와 새엄마는 좋아서 킬킬거렸다.

정말 콩쥐의 나무호미는 금방 부러지고 말았다.
'어머나! 이 일을 어쩐담?'
콩쥐는 부러진 나무조각으로 땀을 뻘뻘 흘리며 있는 힘을 다 하였다. 그렇지만 어디 될 일인가?
그런데 해가 뉘엿뉘엿 넘어갈 무렵, 어디선가 검은 황소 두 마리가 나타나더니 억센 뿔과 네 발로 풀밭을 갈고 풀은 말끔히 먹어 버렸다.
마음씨 나쁜 새엄마는 이 사실을 알고 더욱 울화가 났다.
'저 미운 년을 골탕 먹이고 싶은데 누가 자꾸 도와 줄까? 옳지! 이번에는 꼼짝없이 혼쭐이 날 거다!'
이렇게 마음먹은 새엄마는 다음 날 다시 콩쥐에게 일을 시켰다.
"오늘은 내가 팥쥐를 데리고 읍내 장터에 가서 꽃신을 한 켤레 사 신겨야겠다. 그 동안 너는 저 마당가 독에 물을 가득 채워야 한다."
"예, 어머니. 다녀오세요."
콩쥐는 열심히 열심히 물을 길어다 부었다. 그러나 물은 한 바가지도 고여 있지 않고 어디론가 새는 것이 아닌가! 자세히 독 속을 들여다보니 밑바닥에 구멍이 뚫려 있었다.
'이 일을 어쩌지? 밑 빠진 독에 물을 채우라니……'
이 때 난데없이 큰 두꺼비 한 마리가 눈을 꿈벅이며 다가왔다. 그리고는 독 안의 구멍을 감쪽같이 막아 주는 것이었다. 콩쥐는 그래서 물독을 가득 채울 수 있었다.
이렇게 온갖 괴로움을 참고 이겨 낸 콩쥐는 마침내 훌륭한 총각과 결혼하여 행복한 생활을 하게 되었다.
'고진감래'란 말이 있듯이.

고진감래:고생 끝에 즐거움이 온다는 뜻

苦	盡	甘	來
쓸 고	다할 진	달 감	올 래
苦	盡	甘	來

고사성어 관중과 포숙아

관포지교(管鮑之交)
옛날 중국의 관중과 포숙아가 무척 친하게 사귄 데서 비롯된 말로, 매우 허물없는 친구 사이를 뜻함.

중국 춘추 시대의 일이다.
 그 때 제나라에 '대부'라는 높은 벼슬을 하던 관중과 포숙아라는 사람이 있었다. 이 두 사람은 어렸을 때부터 아주 친한 사이로 지내서 주위의 많은 사람들이 그들의 두터운 우정을 몹시 부러워하였다.
 두 사람은 젊었을 때 힘을 합쳐 장사를 하였다. 포숙아는 집안 형편이 넉넉해서 장사 밑천을 많이 대고, 관중은 가난하므로 돈을 조금 댔는데, 관중이 장사에서 남은 이익금을 턱없이 많이 가져가곤 하였다.
 그렇지만 포숙아는 조금도 관중을 미워하거나 나무라지 않았다.
 "그 친구는 집이 가난하므로 내가 일부러 이익금을 많이 주었지."
 그리고는 관중을 흥보는 사람들 앞에서 도리어 친구를 감싸 주었다.
 그 뒤 관중은 여러 차례 벼슬길에 나아가려 했지만 그 때마다 떨어지고 말았다. 이것을 본 주위 사람들은 관중의 무능함을 꼬집어 흉을 보았지만 포숙아만은 관중을 감싸 주고 격려해 주었다.

"아니야, 관중은 훌륭한 인격과 지혜를 가진 친구인데 다만 운이 없어서 벼슬길이 열리지 않는다네."

어느 해 전쟁이 일어났다.

관중과 포숙아는 싸움터에 나갔다. 그런데 관중은 싸우다가 죽을까 봐 도망치기 일쑤였다.

이것을 본 많은 군사들이 손가락질을 하였다.

"야, 저 겁쟁이 관중 좀 봐!"

"관중은 죽을까 봐 도망만 치는 겁쟁이 놈이다."

그럴 때마다 포숙아가 나서서 관중을 위해 변명하였다.

"말을 삼가시오! 관중은 제 목숨이 아까워 도망치는 게 아니오. 그에게는 아무도 돌볼 사람 없는 늙으신 어머니가 홀로 계신다오."

전쟁이 끝나자 관중과 포숙아는 제나라의 두 왕자를 맡아 글을 가르치게 되었다. 관중은 형 규를, 포숙아는 동생 소백을 가르쳤다. 그러나 두 왕자는 서로 임금의 자리를 노리고 있어서 한번은 싸움이 벌어졌다.

어리석게도 관중은 두 왕자의 싸움에 끼어들었다.

"왕자님, 제가 동생 소백을 활로 쏘아 죽이겠습니다."

그리고는 숨어서 소백을 향해 활을 쏘았다. 그런데 관중이 쏜 화살은 소백의 허리띠에 꽂혀 소백은 죽지 않았다.

그 싸움에서 결국 형 규가 죽고, 동생 소백이 임금의 자리에 올랐다. 관중은 목숨이 위태로우므로 노나라로 도망쳤다.

새로 임금이 된 소백은 그의 스승인 포숙아에게 높은 벼슬을 내리고 나라의 중요한 일을 맡겼다.

벼슬에 오른 포숙아는 임금 앞에 나아가 말했다.

"임금님, 저의 친구 관중을 불러 벼슬자리를 주십시오. 그는 매우 훌륭한 학자입니다."

그러자 임금은 화를 버럭 내면서 소리를 질렀다.

"무엇이? 나를 죽이려던 관중에게 벼슬을 주라고?"

그래도 포숙아는 뜻을 굽히지 않고 임금을 설득하여 끝내는 관중에게도 높은 벼슬자리를 주도록 하였다. 관중은 잘못을 뉘우치고 제나라에 돌아와 포숙아와 힘을 모아 정성껏 임금을 모시고 나라를 부강하게 만들었다.

그리하여 관중과 포숙아는 제나라에서 제일가는 정치가가 되었다.

뒷날 관중은,

"나를 낳아 주신 분은 어버이지만, 나를 알아 준 사람은 친구 포숙아다."

이렇게 말하며 포숙아의 두터운 우정을 못 잊어 하였다.

중국 고대의 역사책인 〈사기〉에 나오는 이 이야기의 '관포지교'란 말은 지금도 친한 벗을 가리킬 때 흔히 쓰이고 있다.

 **관포지교**:매우 정답고 허물없는 친구 사이를 말함.

管	鮑	之	交
대롱 **관**	절인 생선 **포**	갈 **지**	사귈 **교**
管	鮑	之	交

최 부사와 팔마비

군계일학(群鷄一鶴)
많은 닭 무리 속의 한 마리 학처럼, 평범한 사람들 가운데 특별히 뛰어난 사람이 섞여 있을 때 이를 가리키는 말

고려 충렬왕 때 최석이란 목민관이 있었다. 목민관이란 지방 고을을 다스리는 관리를 말한다.

최석이 승평(지금의 전남 순천) 부사로 가게 되었다. 그는 고을마다 못된 부사 때문에 백성들이 고생한다는 것을 알고 '나만은 절대로 백성들에게 폐를 끼치지 말고 백성들이 편안하게 살도록 어진 목민관이 되자.' 하고 결심하였다. 그는 부사로 승평에 가기 전 몇 가지 부탁의 글을 써서 고을 백성들에게 알렸다.

첫째, 새 부사가 부임할 때마다 바치는 물건을 앞으로는 바치지 말 것

둘째, 관청이나 관리가 사는 집을 수리할 비용을 마련하기 위해 백성들에게 폐를 끼치는 일이 없도록 할 것

셋째, 새 부사의 부임을 환영하느라고 깃발을 들고 나서서 요란을 떠는 일을 그만 둘 것

최석은 부임할 때 간단하고 검소한 옷차림으로 집에서 기르던 보잘것 없는 암말을 타고, 짐이라야 낡은 이부자리와 책 몇 권을 갖고 왔다.

승평 고을에 도착한 부사 최석을
본 백성들은 깜짝 놀랐다.
"아니, 고을 원님의 차림
이 우리와 별 다름이 없
구려."
"아, 이제 승평 고을
백성들은 훌륭한 사
또를 만났어요."
"암, 고마운 분이지요."
백성들은 입을 모아 최석
의 사람됨을 칭찬하였다.

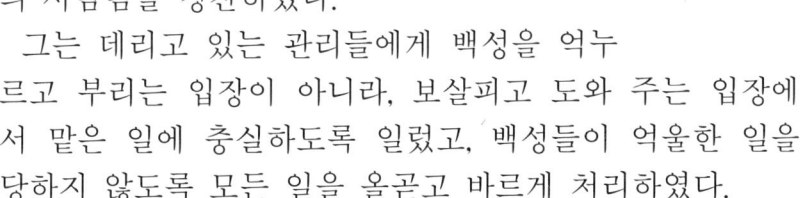

 그는 데리고 있는 관리들에게 백성을 억누
르고 부리는 입장이 아니라, 보살피고 도와 주는 입장에
서 맡은 일에 충실하도록 일렀고, 백성들이 억울한 일을
당하지 않도록 모든 일을 올곧고 바르게 처리하였다.
 그리하여 그 고을에서는 새로운 기풍이 세워졌다. 사람들
은 행복한 살림을 꾸려 나갔고 예의와 질서를 존중하였다.
 백성들은 최 부사를 어버이처럼 받들고 칭송을 아끼지
않았다.
 최석은 3년의 임기가 끝나자 이번에는 임금을 가까이에
서 모시게 되어 개경으로 올라가게 되었다.
 최석이 개경으로 돌아가는 날, 승평 고을 백성들은 모두
길에 나와 착한 원님을 떠나 보냄을 아쉬워했다.
 그래서인지,
"사또, 이것을 받아 주십시오. 쇤네의 성의입니다."
"가시다가 시장하시면 드시라고 찰떡을 좀 빚었습니다.
거두어 주십시오."
하며 귀중한 선물도 가져오고, 먹을 것을 가져와 올리는

최 부사와 팔마비 33

사람도 있었다. 그러나 최석은 하나도 받지 않고 돌려 주었다.

그 당시 승평에서는 원님이 임기를 마치고 돌아갈 즈음이면 백성들의 말 여덟 필을 가져가는 풍습이 있었는데, 최석은 거절하고 그냥 돌아가려 했다.

"사또, 이것은 사양하실 수 없습니다. 이는 이 고을의 전통적인 풍습입니다."

"풍습도 옳지 않은 것은 고쳐야 한다. 말을 타고 개성까지 갈 수 있으면 그것으로 족하다. 더구나 나는 말 여덟 필을 매어 먹일 곳도 없으니 내겐 쓸모가 없지 않느냐?"

최석은 웃으며 끝내 말 여덟 필을 받지 않고 3년 전에 부임할 때 가져온 낡은 짐만 그대로 꾸려 가지고 홀가분하게 떠났다. 이 때부터 승평 고을에서는 떠나가는 원님에게 말 여덟 필을 주어 보내던 나쁜 풍습이 없어졌다.

"어지신 최 부사는 가히 '군계일학'의 뛰어난 목민관이오."

승평 고을 사람들은 최석을 칭송하면서 비석을 세워 주었다. 그리고 그 비를 팔마비(八馬碑)라 이름지었다.

그 비는 지금도 전남 순천군 군청 뜰에 남아 있다고 한다.

군계일학: 평범한 사람들 가운데 특별히 뛰어난 사람을 말함.

群	鷄	一	鶴
무리 **군**	닭 **계**	한 **일**	학 **학**
群	鷄	一	鶴

덕보의 아내

금지옥엽(金枝玉葉)
금으로 된 가지와 옥으로 된 잎을 뜻하는 말로,
금과 옥만큼 귀하고 소중한 자손을 일컫는 말

   옛날, 어느 마을에 김 참봉이란 늙은이가 살고 있었다. 김 참봉은 슬하에 자손이 없어 늘 쓸쓸해했는데 마흔 살이 넘어서 겨우 아들 하나를 보게 되었다.
   재산은 먹고 살 수 있을 만큼 모았지만 자식이 없다가 늘그막에 아들을 얻으니, 그야말로 하느님이 주신 옥동자라 금이야 옥이야 하고 귀하게 길렀다.
   아들 이름은 '덕보'라 지어 불렀다.
   그런데 덕보는 자라서 철이 들 나이가 되었는데도 아주 버릇이 나쁘고 거칠기만 했다. 마을 여자들이나 아이들을 깔보고 놀리는가 하면 어느 새 술과 노름까지 배우는 것이었다.
   "우리 덕보는 아무래도 사람 구실을 못할까 봐요."
   "큰 걱정이구려. 타일러도 듣지 않으니……."
   김 참봉 내외는 아들 때문에 걱정을 했지만, 못된 버릇을 고칠 수가 없었다.
   스무 살이 되자, 덕보는 장가를 들었다. 재 너머 권 초시 딸을 며느리로 데려왔다.

며느리는 아주 얌전하고 알뜰해 살림을 잘 했다. 뿐만 아니라, 남편과 시부모를 잘 섬겨 동네 어른들의 칭찬이 자자했다. 하지만 아들 덕보는 동네 사람들의 흥거리였다.
"김 참봉은 늘그막에 아들 하나 두더니 아들이 아니라 원수로구먼."
"흥! 누가 아니래. 아비가 벌어 놓은 재산, 노름해서 다 없애는걸."
모두들 모이기만 하면 흉을 보았다.
몇 해 뒤에 김 참봉 내외는 세상을 떠났다.
덕보는 아버지로부터 물려받은 논과 밭을 팔아 가지고 돌아다니며 술과 노름에 빠져 자꾸 돈을 없앴다.
아내가 안타까워하며 타일러도 듣지 않았다. 이렇게 몇 해를 지내자 덕보는 부모가 피땀으로 모아 놓은 논과 밭, 재산을 모두 날려 버리고 알거지가 되었다.
덕보 아내는 갖은 수단과 방법으로 남편을 달래고 꾀이고 때로는 호소도 해 보았지만, 덕보의 마음을 잡을 수가 없었다.

덕보 아내는 마침내 한 가지 꾀를 냈다. 마침 설날 아침이었다. 이웃집 아이들은 벌써 색동옷을 입고 갑사 주머니를 차고 세배를 다니며 노래를 불렀다.
　덕보 아내는 저희 내외가 먹을 음식상을 아주 맛나게 잘 차렸다. 하얀 쌀밥에 고깃국, 떡과 술을 차려 들여갔다. 그리고 아들과 딸에게는 조그만 상에 꽁보리밥 한 주발과 시꺼먼 된장 한 접시를 차려 그 곁에 놓아 주었다.
　덕보는 깜짝 놀라 아들과 딸의 밥상을 건너다보았다. 아이들은 꽁보리밥을 먹으며 자꾸 아버지와 어머니 밥상에 놓인 맛있는 음식을 힐끔힐끔 훔쳐 보았다.
　"아니, 아이들 밥이 저게 뭐요?"

덕보는 혀를 차며 못마땅해하였다. 그러나 아내는 본체도 않고 부지런히 맛있는 음식을 혼자 먹고 있었다.

덕보는 귀여운 자식들이 불쌍하게 여겨졌다.

"얘, 너희들 이것 먹어라. 설날 아침인데 꽁보리밥을 먹이다니!"

덕보가 밥그릇과 떡그릇을 들어 아이들 앞에 놓으려 하자 아내는 얼른 남편의 팔을 끌어당겼다.

"여보, 소용없어요. 자식들을 귀여워하면 뭣해요. 저나 잘 먹고 잘 살면 되지. 생각해 보세요. 당신 부모가 당신을 낳아 기를 때 금이야 옥이야 하고 잘 먹이고 잘 입히며 아들을 사랑했지만 나중에 늙어서 아들 때문에 얼마나 고생을 하시다가 돌아가셨어요? 저것들도 크면 죽도록 우리를 고생시킬 게 아니겠어요?"

덕보는 아내의 말을 듣고 고개를 들지 못했다.

"참말 그렇소. 당신의 말이 옳아. 나는 돌아가신 부모님께 죄를 많이 지었어. 아! 자식을 길러 보니 비로소 부모님의 은공을 알겠구려."

덕보는 눈물을 흘리며 지난날의 잘못을 뉘우쳤다.

"부모님은 나를 금지옥엽으로 키워 주셨는데, 나는 이렇게 불효자가 되고 말았군!"

덕보는 그 날부터 열심히 일하고 돌아가신 부모님 산소에 날마다 가서 잘못을 빌었다. 그리고 훌륭한 남편, 존경받는 아버지가 되려고 노력했다. 뒷날 덕보는 마을에서 손꼽히는 훌륭한 어른이 되었다.

금지옥엽:금과 옥만큼이나 귀한 자손을 일컫는 말

金	枝	玉	葉
쇠 **금**	가지 **지**	구슬 **옥**	잎사귀 **엽**
金	枝	玉	葉

기나라 사람의 걱정

기우(杞憂)
기인지우(杞人之憂)의 준말로, 기나라 사람의 걱정이란 뜻. 즉 쓸데없이 하는 걱정.

옛날 중국에 기(杞)라는 작은 나라에 아주 겁많은 사나이가 있었다.

그는 하늘에 구름만 끼어도,

"여보시오, 혹시 하늘이 내려앉지 않을까요?"

하고 지나가는 사람을 붙잡고 걱정을 하였다.

"원 싱거운 사람! 하늘이 꺼질까 봐 걱정하는 사람은 처음 보겠네."

지나가는 사람들은 비웃고 놀려 주었다.

겁쟁이는 비가 쏟아지는 날이면 혹시 비 때문에 땅이 떠내려가고 꺼지지나 않을까 걱정이 되어 밤새도록 잠을 못 이루었다.

이렇게 쓸데없는 걱정을 하는 사나이를 보고 한 친구가 타일렀다.

"걱정도 팔자군! 세상 사람들이 모두 자네처럼 걱정한다면 살아 남을 사람이 없겠네. 하늘은 공기가 가득 쌓여 있는 것이니 무너질 염려가 없고, 땅은 흙으로 꽉 차 있어서 조금도 꺼질 염려가 없으니 이제부터 편안한 마음으로 즐겁게 지내게나."

이 말을 듣고 어리석은 겁쟁이 사나이는 마음을 고쳐 편안히 살았다고 한다.

* * *

옛날에 미투리 장사를 하는 큰아들과 나막신 장사를 하는 작은아들, 이렇게 형제를 둔 할머니가 살았다.

그 할머니는 일 년 열두 달, 하루도 마음 편히 살 수 없었다. 날이 맑아 해가 쨍쨍 나는 날이면 푸른 하늘을 쳐다보고,

"아유, 저 몹쓸놈의 하늘! 저렇게 해가 나면 우리 작은아들 나막신이 한 켤레도 팔리지 않을 테니, 이 일을 어쩌면 좋을꼬?"

하면서 한숨을 푹 쉬었다.

그러다가 또 하늘에 구름이 덮이고 비가 쏟아지는 날이면 처마 끝에 나서서 하늘을 바라보며 다시 걱정을 했다.

"이거 큰일이군! 비가 쏟아지면 큰아들 미투리가 팔리지 않을 텐데, 이 일을 어쩌면 좋단 말인가? 저 원수 같은 놈의 비."

이러다 보니, 갠 날이나 흐린 날이나 그 할머니로서는 걱정일 수밖에 없었다.

할머니의 쓸데없는 걱정을 보다 못한 이웃집 청년이 하루는 할머니를 찾아가 말했다.

"할머니, 할머니는 걱정할 일이 하나도 없습니다."

"아니, 걱정할 일이 없다니? 해가 나면 내 작은아들 나막신이 안 팔리고, 비 오는 날이면 큰아들 미투리가 안 팔리는데 걱정이 안 된단 말이오?"

"할머니도 참, 이렇게 바꾸어 생각하셔야죠. 비 오는 날은 작은아들 나막신이 잘 팔려 좋고, 맑은 날은 큰아들

미투리가 잘 팔려 좋지 않아요? 저 같으면 일 년 내내 좋아서 춤을 추며 살겠어요."
"가만 있자! 그게 그렇게 되는군. 내가 지금까지 공연한 근심 걱정을 했네그려."
"할머니, 그런 걸 '기우'라고 그럽니다. 아무것도 아닌 것을 가지고 괜한 걱정 하는 것을 말하지요."
"젊은이 고맙구려. 내 이젠 걱정하지 않고 즐겁게 지내겠네."
이웃집 젊은이의 말을 듣고 깨달은 할머니는 그 날부터 아주 즐겁고 편안한 마음으로 지냈다.
비 오는 날이면 작은아들 나막신 가게에 나가 지켜 보았다. 장사가 아주 잘 되었다.
해가 쨍쨍 내리쬐는 날이면 큰아들 미투리 가게에 나가 보았다. 미투리가 아주 잘 팔렸다.
"얘야, 미투리가 아주 잘 팔리는구나."
"예, 어머니. 장사가 잘 되어 기분이 좋습니다."
"암 그렇고말고. 해가 나면 큰아들 미투리가 잘 팔리고, 비가 오면 작은아들 나막신이 잘 팔리고……."
할머니는 기뻐서 덩실덩실 춤을 추는 것이었다. ❋

기우: 쓸데없이 하는 걱정을 일컫는 말

杞	憂		
나라 이름 **기**	근심 **우**		
杞	憂		

고사성어 한신과 유방

다다익선(多多益善)
많으면 많을수록 좋다는 뜻. 자기가 바라는 것보다 은근히 더 많기를 바라는 뜻도 있음.

'많으면 많을수록 좋다'는 말은 『사기』의 「한서편」에서 비롯되었다.

한나라 황제 유방은 초나라 왕 항우를 무찌르고 마침내 중국 천하를 통일한 사람이다. 그래서 유방 황제를 한고조라고도 한다.

한고조 유방에게는 중국 천하를 통일하는 데 큰 공을 세운 참모 세 사람이 있었다. 곧 소하·장양·한신 세 사람이었다.

그 당시는 이와 같이 나라에 큰 공을 세운 사람에게는 지방의 땅을 떼어 주고 왕으로 임명하였다.

한고조도 세 공신에게 각기 땅을 떼어 주고, 이들을 왕으로 임명하였다.

한신은 호왕에 임명되었는데 나중에 반란을 일으켜 한나라를 치려 한다는 모함을 받고 그만 붙잡혀 옥에 갇히게 되었다.

어느 날, 한고조 유방이 옥에 갇혀 있는 한신을 찾아갔다. 한신은 조금도 불평하는 빛이 없이 한고조를 맞이하

였다.

한고조가 한신에게 물었다.

"그래, 과인은 몇만 명의 군사를 거느릴 수 있을 재목 같은가?"

이 말을 듣고, 한신은 빙그레 미소를 띠며 대답했다.

"폐하께서는 한 10만 군사를 거느릴 수 있을 것 같습니다."

"10만이라……. 그렇다면 그대는 몇 명의 군사를 거느릴 수 있겠나?"

한신은 아주 여유 있는 표정을 지으며 대답하였다.

"예, 소신은 많으면 많을수록 좋습니다."

"허허허허, 그거 아주 좋은 대답이군."

한고조 유방이 웃으며 다시 물어 보았다.

"그러한 그대가 어찌하여 과인에게 잡혀 이렇게 옥에 갇혔는가?"
한신은 다시 태연하게 대답하였다.
"폐하, 그것은 아주 간단한 이유에서입니다. 폐하께서는 장수의 장수는 되실 수 있으나, 병사의 장수가 되실 분은 아니옵니다. 반대로 신은 병사의 장수는 될 수 있을지언정, 장수의 장수는 될 수 없는 몸이옵니다. 폐하와 신의 차이는 바로 그것이옵니다. 신이 지금 이렇게 옥에 갇혀 있는 것도 바로 그 차이 때문일 뿐이옵니다."
"흠, 그대 말이 옳도다."
한고조 유방은 한신의 말에 감동하여 그를 곧 풀어 준 뒤에 벼슬을 한 등급 내려 다시 부하로 삼았다.

 **다다익선:** 많으면 많을수록 좋다는 뜻

多	多	益	善
많을 다	많을 다	더할 익	좋을(착할) 선
多	多	益	善

맹자와 한석봉

단기지교(斷機之敎)
학업을 중간에 그만두는 것은 짜고 있던 베의 날을 끊어 버리는 것과 같다는 뜻. 학업을 중단해서는 안 된다는 말

맹자가 어렸을 때 일이다.

혼자서 집을 떠나 낯선 땅으로 유학 와 공부하고 있었다. 처음에는 열심히 책을 읽고 공부를 했지만, 날이 가고 달이 지날수록 집이 그리워 견딜 수가 없었다.

어느 날, 맹자 어머니가 열심히 베를 짜고 있는데, 난데없이 아들 맹자가 나타났다.

"어머님, 제가 왔습니다. 어머님이 그리워 견딜 수가 없었습니다."

맹자 어머니는 베틀에 앉은 채로 아들을 바라보며 물었다.

"아니, 하던 공부는 어찌하고? 공부를 벌써 마쳤느냐?"

"아닙니다. 공부는 지금 하고 있는 중인데, 하도 어머님이 보고 싶어 잠시 다녀가려고 왔습니다."

맹자 어머니는 아무 말 없이 옆에 있던 칼을 집어 들고 열심히 짜고 있던 베를 썩썩 잘라 버리는 것이었다. 그러자 바디랑 북이며 잉앗대가 바닥으로 우수수 떨어졌다.

"아니, 어머님! 짜고 있는 베를 왜 잘라 버리십니까?"

맹자는 어머니의 느닷없는 행동에 깜짝 놀랐다.
"네가 공부를 하다가 그만두는 일이 이렇게 내가 짜던 베를 끝맺지 못하고 도중에 끊어 버리는 것과 무엇이 다르겠느냐!"
맹자는 엄숙하고도 조용히 타이르는 어머니 말씀을 듣고 곧 돌아가 학업에 열중하였다.
이것은 『후한서』의 「열녀전」에 나오는 이야기이다.

* * *

우리 나라 조선 중종 때 한석봉이란 서예가가 있었다. 그는 중국 서예가 왕희지, 안진경의 필법을 모두 익히고, 해서·행서·초서 등의 여러 서체를 독특하게 나타낸 우리 나라 서예가로 많은 글씨를 남겼다. 특히 한석봉체로 쓰여진 천자문은 유명하다.
한석봉이 어렸을 때의 일이다. 홀어머니는 떡장사를 하면서 석봉의 글공부 뒷바라지를 아끼지 않았다.

석봉이 열 살쯤 되자, 어머니는 훌륭한 스승을 찾아 집에서 멀리 떨어진 곳으로 석봉을 유학 보냈다.

"석봉아, 이 어미와 떨어져 있더라도 집 걱정은 말고 글씨 공부나 열심히 하도록 해라. 알겠느냐?"

"예, 어머니. 안녕히 계십시오."

석봉은 훌륭한 선생님 밑에서 열심히 글씨 공부를 하였다. 떠날 때 3년을 계획했으나, 2년쯤 지나자 석봉은 집에서 홀로 고생하시는 어머니가 그리워 견딜 수 없었다.

'공부란 끝이 없다. 3년을 배우나 2년을 배우나 읽고 쓰는 것은 마찬가지니 이젠 돌아가 어머니를 편히 모셔야지.'

이렇게 마음먹은 석봉은 그 날로 공부하던 책과 필묵을 챙겨가지고 집으로 돌아왔다. 마당에 들어섰을 때는 깜깜한 밤이었다. 석봉의 어머니는 희미한 등잔불 아래서 떡을 썰고 있었다.

"어머니! 저 석봉이에요. 공부를 마치고 돌아왔습니다."

석봉은 기쁜 얼굴로 어머니 앞에 절을 올렸다. 그러나 어머니는 조금도 반기는 빛이 없이 이렇게 말하였다.

"아니, 3년을 작정하고 떠난 네가 벌써 돌아오다니? 글씨 공부를 얼마나 했는지 시험해 보자. 이 등잔불을 끄고 나는 떡을 썰 테니, 너는 글씨를 써 보아라."

나중에 등잔불을 켜 놓고 보니, 어머니가 썬 떡은 한 치의 어긋남이 없이 고른데, 석봉의 글씨는 말이 아니었다.

"석봉아, 다시 돌아가거라. 그리고 성공할 때까지 이 어미를 찾지 말아라."

석봉은 어머니 말씀을 듣고 다시 돌아가 글씨 공부를 열심히 한 끝에 훗날 서예가로 이름을 크게 떨쳤다. ✿

 **단기지교**: 학업을 중단해서는 안 된다는 말

斷	機	之	敎
끊을 **단**	베틀 **기**	갈 **지**	가르칠 **교**
斷	機	之	敎

평강 공주와 바보 온달

대기만성(大器晚成)
큰 솥이나 큰 그릇은 만드는 데 시간이 오래 걸리듯이, 사람도 크게 될 사람은 오랫동안 공적을 쌓아 늦게 이루어진다는 뜻

'대기만성'은 『노자』라는 책에 쓰여 있는 '큰 그릇은 더디 만들어진다'라는 말에서 비롯되었다.

중국 위나라 때, 최담이란 장군이 있었다. 그는 매우 풍채가 좋고 늠름하기로 이름이 높았다.

그는 수염이 넉 자나 되었으며 한 번 호령하면 목소리가 어찌나 크게 울리는지, 부하들은 목소리만 들어도 무서워 벌벌 떨 지경이었다. 이래서 최담을 모르는 사람이 없을 정도였다.

최담에게는 사촌동생이 있었는데 이름은 최임이었다. 최임은 사촌형 최담과는 반대로 생김새나 인격이 보잘것 없었고, 말솜씨도 신통치 못해 여러 사람 앞에 서면 말도 제대로 못했다. 그래서 남들로부터 바보 취급을 받은 적도 많았다.

그러나 최담은 인물이 변변찮아 바보 취급을 받는 사촌동생에게 용기를 심어 주고 위로해 주었다.

"아우, 자네는 반드시 큰 사람이 될걸세. 큰 종이나 큰 그릇은 오랜 동안 천천히 만들어지는 법일세. 자네도

큰 종과 같이 '대기만성'으로 언젠가는 반드시 크게 성공할 테니 염려 말게나."
 최담은 이렇게 사촌동생을 격려해 주었다.
 '대기만성'이란 바로 이 때에 만들어진 말인데, 정말 최임은 훗날 나라의 높은 벼슬에 올라 임금인 천자를 모시는 이름난 정치가가 되었다고 한다.

* * *

 평강 공주는 고구려 25대 임금인 평원왕의 딸이다. 그런데 어릴 때 어찌나 시끄럽게 울어댔는지, 한 번 울기 시작하면 몇 시간씩 대궐이 떠나갈 듯했다.
 아버지 평원왕은 딸이 하도 울어서,
 "너는 울보니까 나중에 바보 온달에게나 시집을 보내야겠다."
라고 말하곤 했다.
 평강 공주가 자라 어느덧 나이 열여섯 살이 되자, 평원왕은 공부도 많이 하고 아주 잘 생긴 명문 집안 아들을 사윗감으로 정하여 공주를 시집 보내려 하였다.
 그러자 공주는 정색을 하며 평원왕 앞에 나아가 말했다.

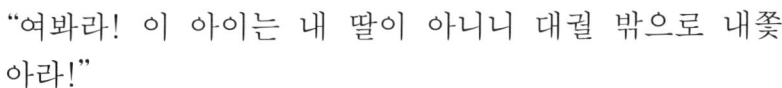

"아바마마! 소녀를 늘 바보 온달에게 시집 보내신다 하시더니 어찌하여 다른 젊은이에게 시집을 보내려 하십니까? 저는 바보 온달에게 꼭 시집을 가겠습니다."

딸이 명령을 거스르자 왕은 화가 머리끝까지 치밀었다.

"여봐라! 이 아이는 내 딸이 아니니 대궐 밖으로 내쫓아라!"

쫓겨난 평강 공주는 여기저기 묻고 물어서 바보 온달의 집을 찾아갔다.

깊은 산골 오두막집에서 늙은 어머니를 모시고 사는 바보 온달은 아주 덩치가 큰 나무꾼 총각이었다.

평강 공주는 바보 온달의 어머니 앞에서 냉수 한 그릇을 떠놓고 혼례를 올린 뒤 열심히 살았다.

낮이면 들에 나가 일하고 산에 올라 약초를 캐며, 밤에는 남편인 온달에게 글을 가르쳤다.

남들은 네댓 살 때부터 글을 배우는데, 온달은 장가들어 어른이 된 뒤에 글을 배우니 얼마나 늦었는가!

그러나 공주는 남편인 온달에게 열심히 글도 가르치고 말 타고 활 쏘는 무술까지 가르쳐 뒷날 고구려의 큰 장수로 길러 냈으니, 이야말로 대기만성의 본보기 인물이다.

 **대기만성**:크게 될 인물은 늦게 성공을 거둔다는 뜻

大	器	晚	成
큰 대	그릇 기	늦을 만	이룰 성
大	器	晚	成

고사성어

피에로와 프랑스 장군

동고동락(同苦同樂)
흔히 괴로운 일이나 즐거운 일을 함께 할 때 쓴다. 같이 고생하고 같이 즐거움을 나눔.

프랑스의 영웅 나폴레옹이 이탈리아를 공격하기 위하여 군대를 거느리고 알프스 산을 넘을 때의 이야기이다.

눈보라 치는 험한 산을 프랑스 군대는 종일토록 지친 몸으로 넘고 있었다. 그들은 맨몸으로도 넘기 어려운 눈과 얼음으로 덮인 산을 온갖 장비와 대포까지 끌고 올라가야 했다. 산을 오른 지 1주일이 지났는데도 아직 산 중턱까지밖에 오르지 못하였다.

"기운을 내라! 이제 저 봉우리만 넘으면 내리막길이다. 여기서 힘을 잃으면 우린 다 죽는다!"

군사를 거느린 맥도날드 장군은 큰 소리로 외치며 지휘하였다. 그러나 워낙 힘든 눈길이라 한 걸음 앞으로 옮기면 두 걸음 뒤로 미끄러지기 일쑤였다.

맥도날드 장군은 무슨 생각을 했는지 피에로를 불렀다. 피에로는 북을 치는 이제 겨우 열세 살짜리 소년병이다.

"피에로야, 북을 쳐라! 저 병사들의 사기를 돋우려면 북소리가 제일이야. 너도 힘들겠지만 어쩌겠니? 어서 북을 울려라!"

"예, 장군님!"

어린 소년병 피에로는 지칠 대로 지쳤지만 있는 힘을 다하여 북을 치기 시작했다.

"그래 그래, 북소리를 들으니 한결 기운이 나는구나."

병사들은 기운을 내어 눈 덮인 산을 힘껏 올랐다. 그런데 몇 시간이 지났을까? 윙윙 땅이 울리는 듯 무서운 소리와 함께 눈사태가 일어나기 시작했다. 큰일이었다.

"엎드려라, 눈사태다! 바닥에 바싹 엎드려라!"

장군의 호령이 끝나기도 전에 산더미 같은 눈사태가 내리덮쳤다. 프랑스 병사들은 그 동안 이런 일을 몇 번씩 겪었기 때문에 다행히 큰 피해는 없었다.

그런데 북을 치며 따라오던 피에로가 보이지 않았다.

"장군님, 피에로가 보이지 않습니다."

"아니, 피에로가?"

피에로는 눈사태를 겪어 본 일이 없어 기대섰던 바위와 함께 깊은 골짜기로 미끄러져 내려갔다. 절벽이 마주 선 깊은 골짜기였다.

장군은 절벽 아래를 내려다보고 애타게 소리쳤다.

"피에로, 대답하라! 피에로야!"

애타게 불러 보았지만 피에로의 대답은 들리지 않았다.
"아, 하느님도 무심하군! 그 어린 피에로를 눈사태가 데려가다니……."
어느 새 맥도날드 장군의 두 눈에서는 뜨거운 눈물이 주르르 흘러내렸다. 그런데 깊은 골짜기 어디선가 희미한 소리가 들려 오는 것이 아닌가!
"가만 가만, 무슨 소리가?"
장군과 다른 참모들이 귀를 기울이자 귀에 익은 북소리가 아주 약하게 들려 왔다.
"북소리다. 피에로의 북소리! 피에로는 틀림없이 살아 있다."
그들은 일제히 소리치며 기쁨을 감추지 못하였다.
"피에로는 내가 구하겠다. 빨리 대포를 끄는 밧줄을 가져오라!"
장군은 이내 구해 온 밧줄로 허리를 단단히 묶는 것이 아닌가!
"장군님, 안 됩니다. 장군님의 목숨은 우리 프랑스 군대의 목숨과 같습니다. 제가 내려가 구하겠습니다."
"피에로는 내 부하며 내 친구다. 생사고락을 함께 하는 친구지. 누구보다도 내가 내려가 구해야 한다."
장군은 끝끝내 밧줄에 몸을 묶은 채 절벽 아래로 내려갔다.
"피에로야, 대답하라! 너를 구하러 맥도날드가 왔다!"
그 때 어디선가 가냘픈 목소리가 들렸다.
"장군님, 여기 있습니다."
장군은 겨우겨우 피에로를 구출해 가지고 올라왔다. 이 광경을 본 프랑스 군사들은 크나큰 용기를 얻어 기어이 알프스 산을 넘고야 말았다.

 **동고동락**:괴로움도 즐거움도 같이 나눔.

同	苦	同	樂
한가지 **동**	괴로울 **고**	한가지 **동**	즐길 **락**
同	苦	同	樂

오자서와 백미

동병상련(同病相憐)
같은 병을 앓고 있는 사람들끼리는 서로를 불쌍히 여기며 정을 나눈다는 뜻. 비슷한 처지에 있는 사람끼리 동정한다는 말

『오월춘추』라는 책에 이런 이야기가 있다.

옛날, 초나라에 오자서라는 사람이 살았다. 그런데 어느 해 오자서의 아버지와 형이 역적 누명을 쓰고 사형을 받았다. 오자서는 너무도 억울했다. 죄도 없는 아버지와 형이 역적으로 몰려 죽고 말았으니 말이다.

그는 간신히 오나라로 도망쳐 와서 '어떻게 하면 아버지와 형의 원수를 갚을까?' 하고 여러 가지로 궁리를 했다.

초나라에서 넘어온 오자서가 거지꼴을 하고 오나라의 거리를 헤매고 있는데, 그 모습을 '피리'라는 관상쟁이가 보았다.

'흠, 저 사람은 거지 노릇을 할 사람이 아닌데? 지금 때를 잘못 만났을 뿐이로다!'

그는 이렇게 생각하면서 말을 걸었다.

"여보시오, 우리 인사나 나눕시다."

관상쟁이 피리는 오자서를 곧 높은 벼슬자리에 있는 공자광에게 소개해 주었다.

그 뒤로 오자서와 공자광은 바늘과 실이 되어 큰일을

함께 하였다. 결국 공자광은 오자서의 힘으로 오나라 임금이 되었으며, 이름도 '합려'라고 고쳤다.
 합려왕은 자기를 왕위에 오르도록 도와 준 오자서의 은혜를 잊지 않고 요즘 국무총리에 해당되는 벼슬을 주어 함께 힘을 모아 나라를 다스렸다.
 그런데 어느 날 백미란 젊은이가 찾아왔다. 백미의 아버지 백주리도 지난날 오자서의 아버지처럼 간신들의 모함 때문에 역적으로 몰려 죽었다. 그래서 백미도 오자서처럼 오나라로 망명한 것이었다.
 오자서는 곧 백미를 합려왕에게 추천하여 대부란 벼슬자리에 앉혔다. 이 때 피리가 오자서에게 물었다.
 "겨우 한 번 본 사람을 어찌 그렇게 믿고 벼슬까지 시키십니까?"

"그 사람은 나와 똑같은 한을 품고 있습니다. 그대는 이런 노래를 모르시오?"

 같은 병은 서로 불쌍히 여기고
 같은 걱정은 서로 구원하노니
 놀라서 나는 새는
 서로 서로 따라 날고
 여울에 맴도는 물은
 다시 함께 흐르네.

피리는 이 말을 듣고는 다시 말을 이었다.
"백미에게 벼슬을 준 이유가 그것입니까?"
"그렇지요. 우리는 동병상련의 처지니까요."
관상을 잘 보는 피리는 오자서에게 충고하였다.
"그 사람에게 너무 마음을 주는 일은 삼가는 게 좋겠습니다. 백미의 관상을 보니 눈은 매와 같이 날카롭고 걸음걸이는 범을 닮았습니다. 그는 사람 죽이기를 보통으로 여기는 몹시 잔인한 상입니다. 마음을 주어서는 아니 되니 늘 조심하십시오."
"그가 평범하지는 않으나 설마 나를 괴롭히겠소?"
오자서는 피리의 충고를 우습게 여기고 백미를 태재라는 높은 벼슬에까지 올려놓았다.
그러나 뒷날 백미는 적국 월나라 사신의 뇌물에 팔려 오자서를 배신하고 그를 죽인다.
오자서는 동병상련으로 백미를 이끌어 주고 키워 주었으나, 백미는 그 은공을 원수로 갚고 말았으니 참으로 안타까운 노릇이다. ❁

동병상련: 비슷한 처지에 있는 사람끼리 서로 동정한다는 말

同	病	相	憐
한가지 **동**	병들 **병**	서로 **상**	사랑할 **련**
同	病	相	憐

고사성어 이응과 시험

등용문(登龍門)
용문을 거슬러 올라간 잉어는 용이 된다는 얘기에서 나온 말로, 출세하기 위해서 빠져 나가야 할 어려운 문턱을 뜻함.

'등용문'이란 얼핏 용이 오르는 문이란 뜻으로 풀이하기 쉽다. 그러나 그런 뜻이 아니고 용문에 오른다는 뜻이다.

중국의 황하는 강이 크기로 이름나 있다. 이 황하의 상류로 거슬러 올라가면 용문이란 곳이 있다. 그 곳은 골짜기도 험하고 물살이 세기로 유명하다. 그래서 옛날부터 이 용문을 타고 넘는 물고기는 용이 된다는 전설이 전해져 내려왔다.

용문을 오른다는 말은 여기서 비롯되었는데, 어떤 분야에서 다른 사람들이 인정하는 어려운 관문을 통과하여 뜻을 이루었을 때 흔히 쓰인다.

* * *

중국 후한 말에 이응이란 사람이 있었다. 그는 사례 교위(지금의 경찰 책임자), 탁료장군(군대의 우두머리) 같은 높은 벼슬을 지냈는데, 성격이 매우 곧고 정의로운 사람이어서 젊은이들로부터 많은 존경을 받았다.

이응의 실력과 인격은 어느 누구도 따를 사람이 없었다. 그리하여 이응에게서 한 번 인정을 받으면 그 사람은 곧 벼슬에 올라 출세할 수 있을 정도였다.
 마치 이응이 등용문의 열쇠를 가지고 있는 것 같았다. 그래서 이응 주변에는 언제나 젊고 유능한 선비들이 구름처럼 몰려들어 그로부터 인정을 받으려고 애를 썼다.

* * *

 원래 과거 제도는 중국에서 시작되었는데 사람들은 출세의 첫걸음이라 일컫는 진사 시험에 합격하는 것을 큰 영광으로 생각하였으며, 진사 시험에 오르면 곧 등용문에 오른다고 믿었다.
 오늘날 등용문이란 말은 관직에만 쓰이는 것이 아니다. 문학이나 음악·미술·연극·체육 등 여러 분야에서도 인정받는 관문이 있는데, 그것이 등용문 구실을 하고 있다.

문학의 경우 소설가, 시인, 또는 아동 문학가가 되는 등용문으로 신문의 신춘 문예 제도가 있다. 서울이나 지방에서 발간되고 있는 신문들이 1년에 한 번씩 신춘 문예 현상 모집을 하고 있는데, 여기에 당선되면 문학가의 첫 관문을 통과하는 셈이다.

그런데 신문사에서 문예 작품 수천 편 가운데에서 시·소설·동시·동화·문학 평론 등 분야마다 당선 작품을 한 편씩 골라 내기 때문에 그 옛날 과거장에 나가 급제하는 것보다 더 뽑히기 어렵다.

그래서 문학가가 되려는 많은 문학 지망생들은 1년에 한 번밖에 없는 신문사 신춘 문예 현상 모집을 손꼽아 기다리게 되고, 여기에 당선된 사람은 대단한 영광을 안는 셈이다.

음악이나 미술 분야도 등용되는 방법은 다르지만, 그 길은 과거 급제만큼이나 어렵다.

음악의 경우 권위 있는 음악 콩쿠르(경연 대회)에 나가 상을 타야 성악가나 연주자로 그 실력을 인정받게 된다. 결국 그 콩쿠르가 음악가들의 등용문 구실을 하는 셈이다.

미술은 대한민국미술대전 같은 이름 있는 대회에서 작품이 뽑혀야 미술가(화가·조각가·서예가 등)로 비로소 인정을 받게 된다.

등용문: 입신과 출세를 하기 위한 매우 어려운 관문

登	龍	門	
오를 등	용 룡	문 문	
登	龍	門	

맹자 어머니의 교육

맹모삼천(孟母三遷)
맹자 어머니가 아들을 잘 가르치기 위해 세 번씩이나 집을 옮겼다는 교훈. 맹모삼천지교라고도 함.

 이 이야기는 자식 교육을 위해서는 환경이 좋은 곳에 가서 살아야 한다는 뜻으로 널리 알려진 이야기이다.
 옛날 중국의 철학자였던 맹자는 어려서 일찍 아버지를 여의고 홀어머니 밑에서 자랐다.
 맹자네는 처음에 공동 묘지 근처의 작은 마을에서 살았다. 서너 살 먹은 맹자는 날마다 밖에 나가 동무들과 어울려 놀았다.
 그런데 어느 날 길을 지나던 맹자 어머니는 깜짝 놀랐다. 아이들이 무덤을 파는 흉내, 상여를 메고 가는 흉내, 엎드려 제사를 지내며 우는 흉내를 내는 것이 아닌가!
 '저 어린 것들이 상여 메고, 장사지내는 흉내를 내며 놀다니!'
 공동 묘지 근처에 살고 있으니 아이들이 날마다 보고 듣는 것이 사람이 죽어 장사지내는 것과 상제들이 슬피 우는 모습밖에 더 있겠는가?
 맹자 어머니는 곧 집을 팔아 다른 곳으로 이사를 갔다. 이사를 간 곳은 시장 근처였다. 그러자 이번에는 맹자가 그 또래 아이들과 양식과 채소를 팔고, 미투리와 나막신 등을 파는 놀이를 흉내내며 놀았다.

'여기도 아이를 바르게 기를 곳이 못 되는구나.'

맹자 어머니는 이렇게 생각하고 다시 이사를 가기로 마음먹었다. 여러 곳을 찾아 돌아다닌 끝에 이번에는 서당이 있는 마을로 이사를 하였다. 그랬더니 맹자는 다른 아이들과 어울려 서당 놀이를 하는 것이었다.

"선생님, 안녕하십니까?"

"그래, 어제 배운 글공부는 다 외워 왔느냐?"

"예, 선생님. 다 외웠습니다."

"음, 장한지고. 그럼, 그 글을 쓸 수도 있겠구나?"

"그렇습니다."

"그럼, 내 앞에서 한 번 써 보아라."

"예, 선생님."

한 아이는 서당 선생님 흉내를 내고 맹자는 학생이 되어 땅바닥에 손가락으로 글씨를 쓰는 흉내를 내는 것이 아닌가!

맹자 어머니는 아이들이 노는 모습을 보고 빙그레 미소를 지었다.

'이제야 이사를 바로 왔구나. 선생님 앞에서 공손히 예를 갖추고 글 공부하는 모습을 보니 마음이 놓이는구나.'

맹자네는 그 곳에서 오래 살았다.

지금부터 60~70년 전에 서울에 '북청 물장수'란 말이 있었다. '북청'이란 우리 나라 북쪽 끝 함경 북도에 있는 땅 이름이다.

이 곳 북청 사람들은 교육열이 높아 아버지가 서울에 와 물장사를 하면서 자식들을 공부시켰다고 한다. 낯선 땅 서울까지 와서 고된 물장사를 하며 자식들의 출세와 성공을 위해 몸이 부스러지도록 뒷바라지를 한 것이었다.

자식에 대한 부모님의 사랑이란 참으로 가슴을 뭉클하게 만든다.

 **맹모삼천:** 맹자의 어머니가 맹자를 교육시키기 위해 세 번 집을 옮긴 일

孟	母	三	遷
맏 맹	어미 모	석 삼	옮길 천
孟	母	三	遷

코끼리와 소경

맹인모상(盲人摸象)
앞못보는 소경이 코끼리를 만지는 것처럼 사물의 일부만 알고 전체를 모르면서 함부로 결론을 내리는 좁은 견해를 뜻하는 말

옛날 인도에서 있었던 일이다.
　나라일을 의논하는데, 많은 신하들이 제각기 자기 주장만 옳다고 고집하는 것이었다.
　국왕이 옆에서 지켜 보니 참으로 한심하였다. 생각다 못한 국왕이 양쪽에 서 있는 신하들에게 일렀다.
　"경들 중에서 누가 나가서 큰 코끼리를 한 마리 끌고 오시오. 그리고 소경 열 사람만 불러들이시오."
　'아니, 코끼리와 소경은 무엇하러……'
　어안이 벙벙해진 신하들은 서로 얼굴을 쳐다보다가 모두 밖으로 나갔다. 잠시 뒤에 한 신하가 코끼리를 끌고 들어왔다. 그 뒤로 대신들이 앞못보는 소경들을 한 사람 두 사람 데리고 들어왔다.
　국왕이 소경들에게 명령을 내렸다.
　"자, 그대들은 들으라! 앞에 코끼리가 서 있다. 그대들은 그 코끼리를 눈으로 볼 수 없으니 손으로 더듬어 그 동물의 생김새를 알아보도록 하여라."
　그러자 코끼리 앞에 둘러섰던 소경들이 제각기 코끼리를

더듬기 시작하였다.
 배를 만지는 사람, 코를 만지는 사람, 다리를 만지는 사람, 꼬리를 만지는 사람……
 잠시 시간이 흐른 뒤, 국왕이 소경들을 앞으로 불러 세우더니 또다시 물었다.
 "지금 그대들이 만져 본 코끼리의 생김새를 말해 보아라. 무엇과 비슷한가?"
 먼저 코끼리 배를 만져 본 소경이 아뢰었다.
 "국왕 폐하! 코끼리는 살아 있는 동물이라는데 마치 큰 바람벽과 같습니다요."
 다음에는 코끼리 이빨을 만져 본 소경이 말했다.
 "그건 당치도 않은 거짓말입니다. 코끼리는 굵고 큰 무와 같사옵니다. 그런데 굳기로는 단단한 나무 같습니다."

다음에는 코끼리 귀를 만져 본 소경이 아뢰었다.
"폐하! 제가 생각하기에는 쌀을 까부는 키와 비슷한 줄로 아뢰옵니다."
이번에는 코끼리 발을 만져 본 소경이 입을 열었다.
"지금까지 말한 것은 모두 그릇된 것이옵니다. 제가 가장 자세히 만져 보았사온데 코끼리 모습은 절구질할 때 쓰는 절구통과 같습니다."
이 때, 코끼리 꼬리를 만져 본 소경이 호령하듯 위엄 있게 말했다.
"예끼, 이 사람들! 감히 임금님 앞에서 얼토당토 않는 거짓말을 아뢰느냐? 폐하! 지금까지 앞에서 말한 것들은 모두 거짓이옵니다. 코끼리 모습은 튼튼하게 꼬아 놓은 밧줄과 같습니다."
이 말을 들은 국왕은 웃음이 나왔다. 코끼리를 한 부분만 만져 보고 저마다 자기 말만 옳다고 떠들어댔기 때문이었다. 국왕 옆에 늘어선 신하들도 소경들의 대답이 우습기만 하였다.
국왕은 소경들을 돌려 보낸 뒤, 다시 대신들을 둘러보고 이렇게 한 마디 하였다.
"경들은 조금 전, 소경들이 코끼리를 더듬어 보고 서로 자기 말만 옳다고 주장하는 것을 보았습니까?"
국왕의 질문에 잘못을 깨달은 대신들은 아무도 고개를 들지 못하였다.
맹인모상과 비슷한 말로 군맹평상(群盲評象)이란 말도 있다.

 **맹인모상:** 함부로 결론을 내리는 좁은 견해를 뜻함.

盲	人	摸	象
눈멀 **맹**	사람 **인**	본뜰 **모**	코끼리 **상**
盲	人	摸	象

고사성어

창과 방패

모순(矛盾)
창과 방패라는 뜻인데, 말이나 행동이 앞뒤가 서로 맞지 않는 경우에 씀.

아득한 옛날, 춘추 전국 시대에 수많은 나라가 서로 얽혀 싸우고 있을 때였다. 이 때 한 젊은이가,
 '옳지! 이렇게 여러 나라가 서로 싸울 땐 창과 방패를 만들어 팔면 돈을 많이 벌 수 있겠다.'
이렇게 생각하고 창과 방패를 많이 만들어 시장에 가지고 나갔다.
 젊은이는 사람들이 많이 지나다니는 길목에 물건을 늘어놓고 큰 목소리로 외쳐댔다.
 "자, 모두들 와서 구경하시오. 구경하는 것은 돈을 받지 않아요. 자, 내가 들고 있는 것은 무엇이냐? 이것은 창이나 칼로 싸울 때 그것을 막아 내는 방패(盾)요. 이것은 언뜻 볼 때 보통 방패 같지만 그게 아닙니다. 이 방패는 명인 도사가 만들어 낸 물건으로 천하의 어떤 날카로운 창이 들어와도 끄떡하지 않는 방패요. 자, 지금은 싸움이 한창인 때요. 언제 누가 나를 죽이려고 공격해 올지 모릅니다. 나중에 후회하지 말고 이 방패를 하나씩 마련해 두시오. 어서 어서들 사 가시오."

지나가던 사람들이 구름처럼 모여들었다.

방패를 들고 한바탕 연설을 늘어놓던 그 젊은이는 방패를 내려 놓고, 이번에는 담벽에 세워 놓은 창을 집어 들었다. 그 창엔 붉은 술이 달려 보기에도 그럴 듯했는데, 때마침 햇빛을 받아 창날도 번쩍거렸다.

젊은이는 아까보다 한층 소리를 높여 외쳤다.

"자, 여러분! 이번에는 이 창을 보십시오. 이 창으로 말할 것 같으면, 제 아무리 튼튼한 방패라도 이 날카로운 창날에 구멍이 뻥 뚫리고 맙니다. 이 창을 이겨 낼 방패가 있다면 내 앞으로 가지고 나오시라! 단번에 구멍을 낼 것이요. 자, 아무리 강한 창이라도 막아 낼 수 있는 방패와, 천하에 강한 방패라도 뚫을 수 있는 창을 사 가시오. 자, 얼른얼른 와서 사시오!"

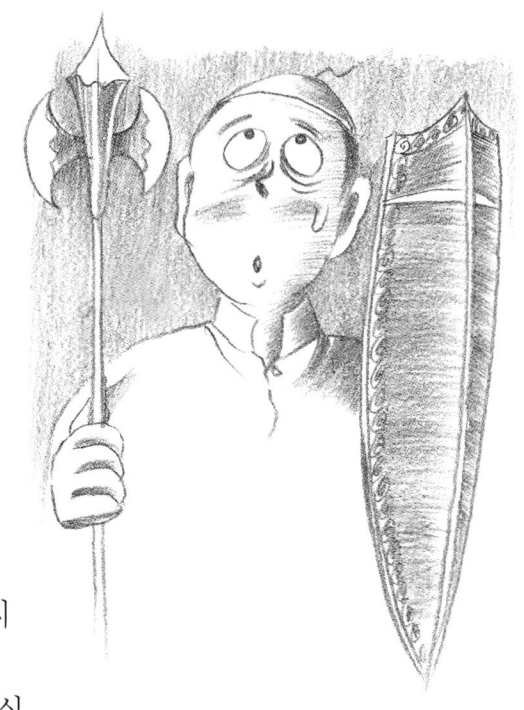

이 말을 들은 구경꾼들은 신기한 듯 방패와 창을 번갈아 만져 보곤 하였다.

그런데 처음부터 이 젊은이의 말을 귀 기울여 듣고 있던 한 늙은이가 젊은이에게 말하였다.

"내 가만히 이야기를 듣고 보니 그대가 팔고 있는 방패와 창은 매우 훌륭한 것 같네그려. 그러나 한 가지 의문나는 사실이 있네."

이 말을 들은 젊은이가 자신 있다는 듯이 말했다.

"노인장, 의문이라니요? 뭐든지 물어 보십시오. 제가 확실하게 대답해 드리지요."

그러자 노인이 다시 말을 이었다.

"도무지 이치에 맞지 않는 것 같아서 그런다네. 천하에 어떤 방패라도 당해 내지 못하는 창으로, 어떤 창도 뚫지 못하는 방패를 찌르면 도대체 어느 쪽이 이긴단 말이오? 그 점을 다시 한 번 차근차근 말해 보게."

젊은이는 말문이 막혀 버렸다. 주위에 둘러섰던 구경꾼들은 한바탕 웃음을 터뜨렸다. 그러자 젊은이는 얼굴이 빨개진 채 늘어놓았던 창과 방패들을 가지고 어디론가 바람처럼 사라져 버렸다.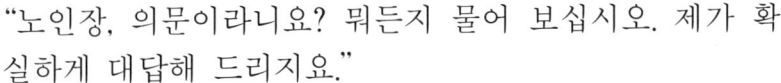

모순: 말이나 행동의 앞뒤가 서로 맞지 않는 것을 뜻함.

矛	盾		
창 모	방패 순		
矛	盾		

고사성어

임금과 군인

목불인견(目不忍見)
눈 뜨고 차마 볼 수 없다는 뜻으로, 주로
가엾고 딱해 보일 때 씀.

 어떤 나라에 아주 훌륭한 임금님이 살았다. 그 임금님은 언제나 백성들이 잘 살기를 바라는 마음으로 정치를 하였다. 임금님은 이따금 다른 옷으로 변장한 뒤 대궐 밖으로 나가 백성들이 사는 모습을 몰래 살피곤 하였다.
 어느 날 임금님은 아주 낡은 군복 차림을 하고 거리로 나갔다. 백성들은 아무도 임금님을 알아보지 못했다.
 "이 사과 한 개에 얼마요?"
 "이 신발 한 켤레에 얼마입니까?"
 "수건 한 장 값이 얼마인가요?"
 임금님은 작은 가게들을 둘러보면서 물건값도 물어 보고, 불쌍한 사람들을 만나면 말을 걸어 사정도 알아보곤 하였다.
 한낮이 지나자 배가 고파진 임금님은 밥을 먹으러 어떤 식당으로 들어갔다. 마침 식당 안에 군복을 입은 한 젊은이가 앉아 있었다.
 임금님은 호기심에 그 젊은이 앞에 가 앉으며 조심스럽게 말을 꺼냈다.

"저 실례합니다. 함께 앉아도 괜찮을지요?"
"……."
군복 차림의 젊은이는 매우 거만한 눈으로 임금님을 바라보았다.
임금님이 다시 말을 걸었다.
"보아 하니 군인 같으신데 계급장을 달지 않으셨군요."
"그건 왜 물어!"
젊은이가 매우 퉁명스럽게 말했다. 임금님은 그 군인의 말씨와 행동이 몹시 거칠었지만, 어떻게 하는가 꼴을 보고 싶어서 자꾸 말을 걸었다.
"계급이 하사쯤……?"
그러자 군인은 매우 못마땅한 표정으로 말했다.
"그보다 위야."
"그럼 중사이군요."
"그보다 위."
"상사?"
"좀더!"
"그럼 소위?"
"좀더!"
"중위신가요?"

"그 위!"
"예, 대위시군요?"
"음!"
군인은 어깨를 더욱 으쓱하며 담배를 물었다. 그리고는 임금님에게 성냥불을 붙이라고 손짓을 하였다.
임금님은 곧 성냥불을 그어 대위의 담배에 갖다 붙였다. 그러자 이번에는 대위가 물었다.
"자네도 군복을 걸친 걸 보니 군인 같은데, 하사인가?"
임금님은 겸손하게 대위의 흉내를 내며 대답했다.
"그 위."
"그럼 중사?"
"그 위."
"상사?"
"그 위."
"그럼 소위구먼."
"좀더."
"중위?"
"좀더."
"그럼 대위요?"
"좀더."
"아, 그럼 소령이시군요."
군인은 담뱃불을 잽싸게 끄면서 자세를 고쳐 앉았다.
"좀더."
"예, 그럼 대령이십니까?"
"그 위."
"준장이십니까?"

"그 위."

군인은 벌떡 일어서서 차려 부동 자세를 했다. 그리고는 한층 조심스런 자세로 말했다.

"소장 각하?"

"좀더."

어느 새 중장, 대장으로 치솟았다. 이제 군인은 얼굴이 새파랗게 질려 있었다.

"좀더."

"아이쿠! 그럼, 장관 각하시옵니까?"

"좀더."

"아니? 폐하! 죽을 죄를 지었사옵니다. 큰 벌을 내려 주시옵소서."

그 군인은 그만 땅바닥에 머리를 대고 꿇어 엎드려 온몸을 사시나무 떨 듯 벌벌 떨었다.

임금님은 얼굴에 웃음을 띠며 젊은 군인을 일으켜 세웠다. 그리고 이렇게 타일렀다.

"자, 이젠 됐네. 사람에게는 겸손의 미덕이 있어야 하네. 그만한 계급의 장교로서 뽐낼 만도 하겠지만, 그보다 높은 자리에 있는 사람도 얼마든지 있다는 사실을 명심하게. 저 들판에 익어 가는 곡식을 보게. 벼 이삭도 수수 이삭도 익어 갈수록 고개를 숙이지 않는가?"

임금님은 식당에서 아무렇지도 않은 듯이 조용히 식사를 끝내고 어디론가 사라졌다. 얼굴이 빨개진 군인도 슬그머니 일어나 자리를 떴다. ❋

목불인견: 눈으로 차마 볼 수 없음. 눈꼴 사나운 일을 보았을 때 흔히 씀.

目	不	忍	見
눈 **목**	아니 **불**	참을 **인**	볼 **견**
目	不	忍	見

고사성어

3형제 이야기

무용지용(無用之用)
언뜻 보면 쓸모없는 것으로 여겨지는 것
이 오히려 큰 구실을 한다는 말

『장자』의 「인간세편」에서 나온 말이다.
 우리 나라에는 이런 이야기가 전해져 내려오고 있다.
 어느 곳에 늙은 아버지가 아들 셋을 데리고 살았다. 그 늙은이는 시름시름 앓아 눕더니 그만 일어날 기운마저 잃고 말았다.
 '음, 이제 곧 죽을 테니 아이들에게 유물을 나누어 주자.'
 이렇게 생각한 늙은이는 아들 3형제를 불러 모았다. 그리고 머리맡에 있는 물건 세 가지를 내놓았다. 그것은 맷돌과 표주박과 대나무 지팡이, 그리고 장구였다.
 늙은 아버지는 맏아들에게 맷돌을, 둘째에게 표주박과 대나무 지팡이를, 막내에게는 낡은 장구를 주었다.
 아들들은 아버지가 주신 유물이니까 받기는 했어도 마음 속으로는 별로 달갑지 않게 생각하였다.
 '이까짓 것 쓰지도 못할 물건들을 뭐가 귀중하다고 우리들에게 주신담?'
 마침내 늙은 아버지는 세상을 떠났다. 3형제는 아무런 재산도 없어 돈을 벌려고 아버지의 유물을 들고 집을 떠났다. 얼마 동안 걸어가던 3형제는 세 갈래로 뻗은 삼거리에 다다랐다. 큰형이 동생들을 돌아보며 말했다.
 "우리 여기서 헤어지자. 그리고 10년 뒤에 다시 만나기로 하자."
 "그렇게 합시다. 저는 남쪽 길로 가겠어요."
 "저는 동쪽 길로 갈게요."
 동생들은 각기 갈 길을 정했다. 맏형은 마지막 남은 서쪽 길로 가기로 하고 서로 헤어졌다.
 맷돌을 짊어진 맏형은 깊은 산 속에서 저녁을 맞았다. 하루 종일 무거운 맷돌을 짊어지고 산길을 걸어 몹시 지쳐 버렸다.
 '어디서 자고 가야 할 텐데.'
 사방을 살펴보았지만 잠잘 만한 마땅한 곳이 없었다.

생각다 못한 그는 맷돌을 안고 큰 나무 위로 올라갔다. 이런저런 궁리 끝에 굵은 나뭇가지 사이에 맷돌을 걸쳐놓고 거기 올라앉아 나뭇가지에 기대어 잠을 청했다. 몹시 피곤한 맏형은 금방 잠이 들어 버렸다. 그런데 얼마나 잤을까? 나무 밑에서 지껄이는 소리가 들려 왔다.

'응? 무슨 사람들이 이렇게……'

가만히 눈을 뜨고 내려다보니 웬 사람들이 바로 나무 밑에 둘러앉아 보물을 나누고 있는 게 아닌가!

자세히 보니 도둑들이었다. 멀리서 훔쳐 온 보물들을 나누면서 서로 더 많이 가지려고 싸우는 것이었다.

'에이, 요놈들! 어디 좀 골려 줘야지.'

맏형이 깔고 앉았던 맷돌을 장난삼아 냅다 돌렸다.

'두루루룽! 우루루루! 두루루루!'

깜깜한 밤에 울리는 맷돌 소리는 마치 천둥 소리처럼 요란했다.

"아이쿠! 밤하늘에 웬 천둥 소리냐?"

"벼락을 맞으면 우린 죽는다! 도망가자!"

도둑들은 금은 보물을 그냥 버리고 달아났다. 맏형은 맷돌 때문에 큰 부자가 되었다.

낡은 표주박과 대나무 지팡이를 가지고 간 둘째는 어느 공동 묘지를 지나게 되었다.

날은 어두운데 공동 묘지를 지나려니 무서운 생각이 들어 부지런히 발걸음을 옮겼다. 그런데 난데없이 시커먼 그림자가 앞에 나타나 말을 하는 게 아닌가?

"자네 이제 오는군! 어서 나하고 가세."

깜짝 놀라 정신을 가다듬고 보니, 그것은 사람이 아니라 도깨비였다.

"그래, 어서 가세."

둘째는 얼른 대답하면서 태연스럽게 도깨비와 함께 걸었다.

"그런데 어디서 사람 냄새가 난단 말야. 자네 머리 좀 만져 보세."

"그러지, 여기 있네. 만져 보게나."

둘째는 들고 있던 표주박을 얼른 머리에 쓰고 도깨비한테 들이댔다.

"그래, 틀림없는 해골인데? 그럼 팔 좀 만져 보세."

이 때 둘째는 얼른 대나무 지팡이를 내밀었다.

"음, 틀림없는 해골 뼈다귀구먼. 자, 어서 가세."

도깨비는 둘째를 해골 귀신인 줄 알고 어떤 부자집으로 데리고 가서 그 집 외동딸의 넋을 훔쳐 냈다.

도깨비는 처녀의 넋을 손에 쥐고 물었다.

"이것 보게. 이 넋을 어디다 넣으면 좋겠는가?"

둘째는 허리에 찬 주머니를 벌려 보이며 말했다.

"여기다가 넣으면 좋겠네."

그러자 도깨비는 얼른 주머니 속에 넋을 넣었다. 둘째는 주머니를 단단히 동여매고 도로 찼다.

어느 새 새벽닭이 울었다. 닭 울음소리를 들은 도깨비는 깜짝 놀라했다.

"이게 무슨 소리야? 벌써 날이 새는군! 자, 그럼 난 먼저 가네."

이렇게 말하고는 어디론가 사라져 버렸다.

그 날 아침, 둘째는 그 부자집을 찾아갔다. 그 집에서는 간밤에 딸이 죽었다고 온 가족이 울고불고 야단이었다.

"따님이 죽었다고요?"

"그렇소. 무남 독녀 외딸을 금지옥엽으로 다 키워 놓았는데 죽다니…… 흑흑흑."

"내가 의술을 좀 배웠는데, 어디 좀 살려 볼까요? 만약 살린다면 무슨 상을 주시겠습니까?"

"아, 살려만 주신다면 우리 재산을 몽땅 드리고 젊은이를 사위로 삼겠어요. 제발 좀 살려 주시오."

둘째는 곧 주위 사람들을 밖으로 물리친 다음, 주머니 속에서 넋을 꺼내 딸에게 도로 돌려 주었다. 그러자 딸은 잠에서 깨어난 듯 살아났다.

둘째는 약속대로 그 부자집 사위가 되어 많은 재산까지 물려받았다.

막내는 어찌 되었을까?

막내는 장구를 메고 산 속을 걸어다니다가 날이 저물어, 배도 고프고 마음이 쓸쓸하여 심심풀이로 장구를 쳤다.

'덩더쿵 덩더쿵, 덩기덩기 덩더쿵!'

깊은 산 속에서 울리는 장구 소리는 여간 큰 게 아니었다. 이 흥겨운 장구 소리에 산 속의 짐승들이 하나둘 나타나더니 덩실덩실 춤을 추는 것이 아닌가!

호랑이, 늑대, 너구리, 산토끼, 사슴, 곰, 노루……. 산 속의 온갖 짐승들이 다 나와서 막내의 장구 소리에 맞춰 이상한 소리까지 내며 춤을 추었다.

날이 밝았는데도 짐승들은 숲 속으로 돌아갈 생각도 않고 계속 춤을 추었다.

'옳지! 이것들을 데리고 마을로 내려가자.'

막내는 장구를 치며 한 발자국 두 발자국 마을로 내려갔다. 짐승들은 제 춤에 취해서 함께 따라 마을로 내려왔다. 이것은 정말 큰 구경거리였다.

이 소문은 나중에 임금님 귀에까지 들어갔다.

"허허허, 그거 참 신기한 장구로구나. 그 젊은이의 장구를 과인이 사겠도다. 많은 돈을 주고 그 장구를 사도록 하라!"

임금님은 막내에게 많은 돈을 주고 장구를 사들였다. 이렇게 하여 막내도 큰 부자가 되었다.

10년의 세월이 흘러 3형제는 맷돌, 표주박과 대나무 지팡이, 장구 때문에 큰 부자가 된 이야기를 나누며 돌아가신 아버지의 마음을 되새겼다.

무용지용: 아무 쓸모없는 것이 때로는 중요하게 쓰인다는 뜻

無	用	之	用
없을 무	쓸 용	갈 지	쓸 용
無	用	之	用

고사성어
인상여와 염파

문경지교(刎頸之交)
삶과 죽음을 같이하여 목이 떨어져도 두려워하지 않을 만큼 친한 친구 사이를 일컬음. 관포지교와 비슷한 뜻임.

『사기』의 「염파·인상여전」에 이런 이야기가 나온다.

중국 조나라에 인상여라는 사람이 있었다. 인상여는 하는 일 없이 세월을 보내다가 어느 날, 혜문왕의 부름을 받았다. 인상여가 왕 앞에 나아가자 혜문왕이 그를 보고 말했다.

"우리 조나라는 지금 진나라와 사이가 불편하오. 그러니 그대가 사신으로 진나라에 들어가 아무쪼록 좋은 결실을 맺어 기쁜 소식을 갖고 왔으면 좋겠소."

그 동안 할 일이 없어 남의 집에서 빈둥빈둥 놀고 있던 그는 정신이 번쩍 들었다.

'이제 나의 운명이 활짝 열리려나 보다.'

인상여는 무척 기뻤다.

"폐하! 소신은 있는 힘을 다하여 임무를 마치고 돌아오겠나이다."

혜문왕에게 절을 올리고, 인상여는 곧 진나라로 갔다.

몇 달 뒤, 인상여가 임무를 훌륭히 마치고 돌아오자 혜문왕은 몹시 기뻐하면서 그에게 상대부라는 높은 벼슬을

주었다.
 그 뒤 3년이 흘렀다. 조나라의 혜문왕은 진나라 왕과 면지라는 곳에서 평화를 위한 회담을 갖게 되었다.
 이 때 평화 회담 장소에 혜문왕을 모시고 간 사람도 역시 인상여였다. 그 자리에서 진나라 왕이 조나라 왕에게 창피를 주려고 하자, 인상여가 얼른 말을 가로막아 곤란한 일을 피하게 하였다.
 회의를 마치고 돌아온 혜문왕은 인상여의 공로를 더욱 높이 평가하여 상경이란 벼슬로 올려 주었다.
 이렇게 되자, 임금님을 모시고 있는 다른 신하들의 불평이 이만저만이 아니었다. 특히 염파라는 사람은 매우 뛰어난 장수인데 성격이 거칠어서 불평 불만이 대단했다.
 "내 어디서든지 인상여를 만나기만 해 봐라. 그냥 두지 않을 테니……."

그는 여러 사람이 모인 곳에서 단단히 벼르곤 하였다. 이 소문을 들은 인상여는 염파와 마주치는 일을 피하였다. 조정에서 회의가 열리면 몸이 아프다, 집안에 급한 일이 생겼다 하고 나가지 않았다.

또, 염파가 멀리서 오고 있으면 살짝 다른 길로 피하곤 했다. 그러자 인상여를 존경하는 몇몇 벼슬아치들은 인상여의 비겁한 행동을 못마땅하게 여겼다.

"대감, 저희는 대감을 하늘처럼 받들어 모시고 있사온데, 대감은 어찌하여 염파 장군을 피하기만 하십니까? 그 비굴한 행동을 차마 눈 뜨고 볼 수 없습니다."

이 말을 들은 인상여는 얼굴에 미소를 띠면서 부하들에게 물었다.

"내 한 가지 묻겠네. 그대는 염파와 진나라 왕 중 누가 더 무서운가?"

"그거야 진나라 임금이지요."

"나는 그대들이 무서워하는 진나라 왕을 꼼짝 못하게 혼내 주고 온 사람일세. 그 일을 자네들은 모르는가?"

"모르다니요! 잘 알고 있습니다."

"그러한 내가 뭐가 무서워서 염파 장군을 피하겠나? 그러나 지금 진나라가 우리 조나라를 쳐들어오지 못함은 바로 염파와 내가 있기 때문이네. 자네들도 염파가 뛰어난 장수임은 높이 사야 할걸세. 만약 우리 두 사람이 만나서 아옹다옹 싸운다면 그 소문을 들은 진나라는 더욱 좋아하면서 우리 조나라를 넘볼 게 아닌가! 즉 내가 염파를 피하는 것은 그 사람이 무서워서가 아니라 진나라가 쳐들어오는 게 두려워서일세."

이 말을 들은 벼슬아치들은 자기들의 좁은 마음을 부끄럽게 생각하고 인상여 앞에서 고개를 숙였다. 뒷날 이 이야기를 들은 염파도 인상여에게 사과했다.

"면목 없소이다. 내가 배움이 부족하여 그대의 높은 뜻을 헤아리지 못했습니다."

그 뒤 두 사람은 목을 벤다 해도 두려워하지 않을 만큼 죽고 살기를 함께 하는 친한 사이로 지냈다.

 **문경지교:**목숨을 아끼지 않을 만큼 친한 친구 사이

刎	頸	之	交
목벨 **문**	목 **경**	갈 **지**	사귈 **교**
刎	頸	之	交

고사성어
애제와 정승

문전성시(門前成市)
권세가 드날리거나 부자가 되어 대문 앞이
방문객으로 시장을 이루다시피 한다는 말

    아주 옛날, 중국 땅에 한나라가 있었다. 한나라 임금 애제는 매우 사치를 좋아했으며 놀기도 좋아했다.
  그는 모든 정치를 외가 쪽 친척들에게 떠맡기고 날마다 궁녀들에게 둘러싸여 술과 노래와 춤으로 세월을 보냈다. 이것을 보고 걱정하던 충신 정승이 임금에게 아뢰었다.
  "임금님, 소신이 눈물을 머금고 아뢰옵니다. 나라에서는 임금님이 제일 어른이온데 마음을 바로하여 나라일을 열심히 돌보셔야 백성 또한 그 본을 받아 제각기 하는 일을 소중히 여길 것이옵니다. 통촉하여 주시옵소서."
  이 말을 들은 임금은 뉘우치면서 대답하였다.
  "알겠소. 그대가 바로 일러 주어 고맙소."
  그 뒤 임금의 나쁜 버릇은 없어졌다. 그러자 임금의 비위만 맞추던 간신들이 충신 정승을 모함하기 시작했다.
  "정승은 임금님 앞에서는 충신인 체하면서 뒤로는 많은 뇌물을 받아 창고에 금은 보화가 산처럼 쌓여 있다."
  "정승은 자기 벼슬을 미끼로 백성들로부터 재물을 빼앗고 있다."

이런 소문이 퍼지기 시작하더니 마침내 임금의 귀에까지 들어갔다.
"무엇이라고? 정승, 자기는 앙큼하게 더 나쁜 짓을 하면서 임금인 나에게 감히 충고하다니! 여봐라, 정승을 당장 잡아들여라!"
임금은 몹시 화가 나 정승을 잡아들였다.
"듣자 하니 그대의 집 문앞에는 장이 설 만큼 사람들이 모여든다는데 그게 사실이렷다?"
"아뢰옵기 황공하오나, 신의 집 문앞에는 아첨하는 무리들이 자주 드나들지만 신의 마음은 맑은 물처럼 결백하나이다."
"무엇이라? 그대가 정녕 이 임금을 속이려 드는가!"
어리석은 임금은 마침내 착한 정승을 옥에 가두어 죽이고 말았다.
이것은 『한서』에 나오는 이야기이다.

* * *

  환수네는 아주 잘 사는 부자다. 아버지는 큰 회사의 사장이다.

  환수는 4학년이던 작년까지는 줄곧 반장을 했다. 반장인 환수에게는 아이들이 많이 따랐다. 그 아이들은 환수가 가는 곳에는 어디든지 따라다니며 환수가 하려는 일을 발 벗고 도와 주었다.

  해마다 학년 초가 되면 아이들은 환수를 반장 후보로 내세워서 뽑아 주곤 했다.

  환수 집에는 아침에 학교 갈 때나 공부가 끝나고 돌아올 때 친구들이 찾아와 늘 북적거렸다. 환수네 집은 환수 친구들로 그야말로 문전성시를 이루었다.

  환수 어머니는 환수네 반 아이들이 놀러 오면 맛있는

과자와 시원한 음료수와 과일을 대접하고, 반장 선거 때면 값진 선물까지 나누어 주었다.

 그러면 아이들은 그렇게 기뻐할 수가 없었다. 환수를 그저 최고라고 떠받들었다.
 어떤 아이는 환수 책가방을 들어다 주고, 어떤 아이는 환수가 공을 찰 때 신발 끈을 매어 주기도 했다.
 환수는 공부해서 시험 백점 맞는 일 빼놓고는 지금까지 뭐든지 자기 마음대로 해서 안 되는 일이 없다는 생각을 가지고 있었다.
 그런데 5학년에 올라와서는 반장 자리를 종수에게 빼앗겼다. 친하게 지내던 반 친구들이 모두 자기에게 표를 찍어 줄 줄 알았는데, 종수를 지지하는 표가 우수수 쏟아졌다.
 환수가 5학년이 되기 바쁘게 집안 사정이 몹시 나빠졌다. 아버지가 사업에 실패하셨기 때문이다.
 문전성시를 이루던 환수네 집에 이제는 강아지 한 마리도 얼씬거리지 않았다. 환수는 몹시 속상하고 약올랐지만 어쩔 수 없었다.
 시간이 흐르자, 환수는 지난날 친구들이 왜 자기를 그렇게 많이 따르고, 집에까지 몰려왔던가를 깨닫게 되었다.

 **문전성시:** 대문 앞에 장이 선 것처럼 사람들이 모여듦.

門	前	成	市
문 **문**	앞 **전**	이룰 **성**	저자 **시**
門	前	成	市

고사성어 한신과 강물

배수진(背水陣)
등 뒤에 강물을 두고 적과 싸우려 진을 침.
뒤로 물러가면 물에 빠지게 되므로 죽을
각오를 하고 싸우는 것을 가리킴.

중국 한나라가 천하를 통일할 때 이야기이다.
 싸움 잘 하기로 이름난 장수 한신은 남다른 전략을 세우곤 했다. 한신은 위나라를 먼저 쳐부순 다음 다시 조나라로 쳐들어가게 되었다.
 조나라를 쳐들어가기 위해서는 몹시 좁은 길목으로 군사를 이끌고 가야만 했는데, 이 길목은 조나라 군사가 물샐 틈 없이 지키고 있었다.
 한신 장군은 여러 모로 궁리한 끝에 뛰어난 작전을 폈다.
 "들거라! 부장이 이끄는 군사들은 조나라 본거지의 뒷산으로 가서 진을 치고 숨어 있도록 하라. 내가 지휘하는 부대는 저쪽에서 등 뒤에 강물을 두고 진을 칠 것이다. 그리하면 필경 조나라 군사들이 우리를 깔보고 공격해 올 것이다. 그 때를 이용하여 부장이 이끄는 부대는 나와서 조나라의 성을 치도록 하라!"
 이렇게 명령한 한신은 곧 부대를 이끌고 자리를 옮겨 등 뒤에 강물을 두고 진을 쳤다. 그리고는 멀리 떨어진 산등성이에서 조나라 군사들의 움직임을 살펴보았다.

한신의 군사는 일부러 조나라 성에서 보이도록 바삐 움직이며 강물을 뒤로 하고 진을 쳤다.

조나라 군사들은 한신의 작전을 비웃었다.

"야, 한신이 이름난 장수라더니 어리석기 짝이 없군! 세상에 강물을 뒤에 두고 진을 치다니."

아니나 다를까. 다음 날 아침, 조나라 군사는 성문을 열고 한나라 군사가 진을 치고 있는 곳을 향해 물밀 듯이 공격해 오는 것이 아닌가! 이것을 바라본 한신 장군이 다시 명령을 내렸다.

"군사들은 듣거라! 조나라 군대가 가까이 오면 일부러 패하는 체하면서 뒤로 물러나라."

이 말을 들은 한신의 군사들은 일부러 패하는 체하면서 도망쳤다. 조나라 군사는 아무것도 모르고 미친 듯이 공격해 왔다.

이 때 미리 산 속에 숨어 있던 부장이 이끄는 한나라

군사가 별로 힘도 들이지 않고 조나라의 성을 빼앗고 말았다. 한신의 작전은 생각대로 큰 승리를 거두었다.

한신이 조나라를 무찌르고 돌아왔을 때, 나라에서는 승리를 축하하는 큰 잔치를 베풀었다.

이 잔치에서 어떤 장수가 한신에게 술잔을 권하면서 물었다.

"한신 장군! 장군은 어찌하여 등 뒤에 강물을 두고 진을 치셨습니까? 그러한 병법은 일찍이 본 일이 없소이다."

이 말을 듣고 한신은 껄껄 웃으며 대답하였다.

"병법이라는 게 하늘에서 내려온 것이겠소? 모두가 싸움을 한 장수들의 체험이지요. 내가 세운 작전은 두 가지 심리를 이용한 것이오. 등 뒤에 강물을 두고 진을 친 것[背水陣]은 조나라 군사들에겐 우리를 얕보도록 한 것이고, 오합지졸들이 모인 우리 군사들에겐 죽기를 각오하고 싸우도록 하기 위해서였소."

한신의 말을 들은 장수들은 무릎을 치며 감탄하였다.

"과연 장군의 배수진은 뛰어난 병법이외다."

 **배수진**:위험을 무릅쓰고 전력을 다하는 경우의 비유.

背	水	陣	
등 **배**	물 **수**	진칠 **진**	
背	水	陣	

늑대와 호랑이

배은망덕(背恩忘德)
남이 자기에게 베풀어 준 은혜를 잊어버리고 배반함. 주로 은혜를 몰라 주는 경우에 씀.

이솝 우화에 「양치기와 늑대」란 이야기가 있다.
 양 치는 목동이 들판에서 새끼늑대 한 마리를 발견하였다. 그 새끼늑대가 매우 슬픈 소리로 울고 있었다.
 "아니, 아기늑대야. 왜 여기서 울고 있니?"
 "배가 고파서……"
 목동이 묻는 말에 새끼늑대는 더욱 슬픈 소리로 울며 대답하는 것이었다.
 "그럼, 빨리 네 엄마한테 가야지."
 "엄마를 저기서 잃어버린걸요."
 "그러면 동굴로 가서 엄마를 기다려 보렴. 엄마가 먹이를 구해 가지고 돌아오겠지."
 "저는 갈 수 없어요. 동굴로 가는 길을 잊어버렸어요."
 새끼늑대는 흐느껴 울면서 대답하였다.
 "그거 참 안 되었구나, 가엾은 녀석! 어떡하면 좋을까?"
 마음씨 착한 목동은 새끼늑대를 불쌍히 여긴 나머지 늑대를 양 떼와 함께 집으로 데려왔다.
 "자, 양들은 모두 착하단다. 이걸 먹고 양들과 함께 편안히 쉬도록 하여라."
 목동은 데려온 새끼늑대에게 먹을 것도 주고 잠자리도 마련해 주었다.
 새끼늑대는 양치기의 따뜻한 대접을 받으며 무럭무럭 자랐다. 드디어 새끼늑대는 어른 늑대가 되었다. 그러나 커다랗게 자란 그 늑대는 양치기에게 받은 지금까지의 은혜를 배반하고, 함께 있던 양들을 모두 잡아먹어 버렸다.

* * *

 옛날에 한 나그네가 산길을 가고 있었다. 그런데 어디선가 슬픈 울음소리가 들려 왔다.
 "이게 무슨 울음소릴까? 이 깊은 산 속에……."
 나그네가 주위를 살펴보니, 길 옆 깊은 함정 속에 큰 호랑이가 빠져 울고 있는 것이었다.
 "어흐흥! 나 좀 살려 주시오. 제발 살려 주시오."
 호랑이의 울음소리를 들은 나그네는 좀더 가까이 가 들여다보았다. 함정 속에서 집채만한 호랑이가

눈물을 뚝뚝 흘리며 살려 달라고 애원하였다.

"여보시오, 날 좀 살려 주시오. 살려 주면 그 은혜 잊지 않으리다."

"그래, 잠시만 기다려라. 내가 살려 주지."

나그네는 긴 막대를 구해 가지고 와 호랑이를 함정에서 빠져 나오게 해 주었다. 그런데 이게 어찌된 일인가? 죽어가는 호랑이를 함정에서 꺼내 주자, 호랑이는 그 은혜도 잊고 나그네를 잡아먹겠다고 달려들었다.

"아니, 이 배은망덕한 놈! 내가 널 살려 주었는데, 네놈이 생명의 은인을 잡아먹겠다고?"

"나는 은인이 뭔지 모른다. 지금은 배가 고파 견딜 수 없으니 너를 잡아먹을 수밖에."

"그럼, 잠깐만 기다려라. 누구의 말이 옳은지 어디 한번 물어나 보자꾸나."

나그네와 호랑이는 곁에 있는 소나무에게 물어 보았다. 소나무는 나그네의 말을 듣자, 이렇게 말했다.

"잡아먹어도 괜찮지. 사람들은 우리 소나무를 마구 찍어 가거든."

호랑이는 더욱 신바람이 났다. 이번에는 황소에게 물어 보았다.

"그야 잡아먹어도 괜찮지. 사람들은 우리 소들에게 죽도록 일만 시키거든."

호랑이는 더욱 신이 나 나그네를 잡아먹으려 하였다.

이 때 마침 산토끼가 깡충깡충 뛰어왔다. 마지막으로 산토끼에게 물어 보았다.

"무슨 얘긴지 잘 모르겠어요. 맨 처음에 어떻게 되어 있었지요?"

산토끼가 묻자, 호랑이는 망설임도 없이 곧장 함정 속으로 풍덩 뛰어들어갔다.

"산토끼야, 내가 이렇게 함정에 빠져 있었단다. 그런데……."

이 말을 들은 산토끼는 냉정하게 말했다.

"그럼 됐네요. 호랑이 아저씨는 그냥 함정 속에 있고, 나그네 아저씨는 갈 길을 가면 되지요."

토끼는 숲 속으로 사라지고, 나그네는 다시 길을 떠났다.

 **배은망덕:** 남에게 받은 은혜를 저버리고 배반함.

背	恩	忘	德
등 배	은혜 은	잊을 망	덕 덕
背	恩	忘	德

고사성어

아버지와 아들

부화뇌동(附和雷同)
자기의 생각이나 주장 없이 남의 일이나 의견을 까닭없이 덩달아 따라감.

 아버지와 아들이 당나귀를 팔러 장으로 가고 있었다.
 어린 아들은 당나귀 고삐를 쥐고 앞서 가고, 늙은 아버지는 당나귀 뒤를 따라가고 있었다.
 우물가에서 물을 긷던 동네 아낙네들이 이 광경을 보고 말했다.
 "저 꼴 좀 보라구요. 당나귀를 타고 가면 다리도 안 아프고 편할 텐데, 힘 좋은 당나귀를 그냥 걷게 하고 늙은 아버지와 어린 아들이 걸어가다니? 정말 바보 같은 사람들이군요. 그 아버지에 그 아들이라니……."
 "정말 그렇군요. 당나귀는 멋으로 끌고 가나 봐요."
 늙은 아버지가 이 말을 듣고 보니 그럴 듯하다는 생각이 들었다. 그래서 늙은 아버지는 어린 아들을 당나귀에 태우고 다시 걸어갔다.
 얼마쯤 걸어가는데, 나무 밑에서 노인들이 장기를 두고 있었다. 늙은 아버지가 어린 아들을 당나귀에 태워 가는 걸 보고 노인들이 말했다.
 "저걸 좀 보게나. 저런 불효 막심한 녀석이 있나! 늙은 아비는 걸어가게 하고 힘이 팔팔한 아들 놈이 당나귀를 타고 가다니. 요즘 아이들은 어른을 조금도 공경할 줄 모른다니깐."

"그것 참 딱한 일이군. 세상이 말세야. 나이 많은 늙은이를 걸어가게 하다니……."

이 말을 들은 아버지는 또 생각이 달라졌다. 노인들의 이야기가 옳은 것만 같았다.

"안 되겠다. 애야, 내려라. 이 아비가 당나귀를 타고 가는 게 옳겠다."

이번에는 어린 아들을 걸어가게 하고 늙은 아버지가 당나귀 등에 올라앉아 길을 갔다. 아버지와 아들이 다시 한참을 가다가 어느 마을 앞에 이르렀을 때였다. 아기를 업은 부인들이 손가락질을 하며 웃었다.

"저것 좀 보셔요. 어쩌면 나이 든 어른이 저렇게도 인정머리가 없담? 어린 것에게 고삐를 잡고 걷게 하고 혼자 타고 가다니!"

"그러게 말입니다. 앞에다 아들을 태우면 어른도 아이도 다 편할 텐데, 머리를 쓸 줄 모르나 봐요."

이 말을 듣고 보니 과연 그럴 듯하였다.

"애야, 너도 이리로 올라타거라."

아버지는 앞에다 아들을

아버지와 아들 113

앉히고 자랑스러운 듯 뽐내며 다시 당나귀를 몰았다. 두 사람을 태운 당나귀는 몹시 힘들어서 혀를 내밀고 헐떡거렸다. 그러나 아버지와 아들은 아주 편안하기만 하였다.

"진작 둘이서 탈 것을 그랬구나!"

"아버지, 당나귀가 힘들어하는 것 같아요."

"원, 별 걱정을 다하는구나."

이렇게 아버지와 아들은 말을 주고받으며 길을 가고 있었다. 그들이 들길을 지나가는데, 밭에서 일하던 농부들이 이 광경을 보고 딱하다는 듯이 말했다.

"여보시오! 아무리 말 못하는 짐승이라도 너무 하지 않소? 그 조그만 당나귀 등에 두 사람씩이나 타고 간단 말이오? 차라리 불쌍한 당나귀를 두 사람이 메고 가는 것이 좋겠소."

이 말을 들으니 갑자기 당나귀가 불쌍해졌다. 그래서 아버지와 아들은 새끼줄을 구하여 당나귀의 발을 묶은 다음 긴 장대에 꿰어 메고 갔다.

얼마 뒤 징검다리를 건너가게 되었다.

"우하하하, 저것 좀 봐!"

"야, 웃긴다 웃겨! 세상에 당나귀를 메고 가다니……."

아이들이 손가락질을 하며 웃어댔다. 그 바람에 당나귀가 놀라서 발버둥질 쳤다. 그러자 긴 장대가 부러지면서 당나귀가 물 속으로 텀벙 빠져 떠내려가는 것이 아닌가!

"하하하하, 당나귀가 떠내려간다."

아이들은 손뼉을 치며 웃어댔다.

 **부화뇌동**: 줏대없이 남의 의견에 따라 움직임.

附	和	雷	同
붙일 **부**	온화할 **화**	우레 **뢰**	한가지 **동**

고사성어
항우와 장량

사면초가(四面楚歌)
사방에서 초나라의 노랫소리가 들림. 적에게 완전히 포위되어 꼼짝 못하게 된 상태를 말함. 어려운 일을 만났을 때를 이르기도 함.

　'사면초가'란 『사기』의 「항우본기」라는 이야기에서 나온 말이다.

　중국에서 시작된 장기를 보면, 말의 궁(宮)이 한(漢)과 초(楚)로 되어 있다. 이것은 곧 한나라와 초나라를 가리키는데, 장기는 병졸(卒)을 비롯하여 마(馬), 포(包), 상(象), 차(車), 그리고 궁을 보호하는 사(士) 등으로 이루어져 있다.

　중국에서는 천하를 통일했던 진나라를 무너뜨리고 일어난 한나라와 초나라가 큰 싸움을 벌인 적이 있다. 그 싸움에서 한나라가 초나라를 무찔러 크게 이겼다.

　이런 이유로 해서 장기를 둘 때는 두 사람 중 고수(실력이 뛰어난 사람)가 빨간색의 한나라 말을, 하수(실력이 모자라는 사람)가 푸른색의 초나라 말을 가지고 두게 되어 있다.

　『사기』의 「항우본기」에 나오는 이야기는 참으로 재미있다.

　한나라 왕은 유방이고, 초나라 왕은 항우였다. 두 나라

가운데 처음에는 초나라가 훨씬 강하였다.

"우하하하, 감히 한나라의 유방 따위가 이 천하의 항우를 당하겠다고?"

초나라 왕 항우는 유방을 우습게 보고 점점 자만해졌다. 너무나 상대방을 얕보던 초나라 항우는 마침내 한나라 유방의 작전에 말려들어가 해하라는 곳에서 완전히 포위당하고 말았다.

천하를 손아귀에 넣었다고 좋아하던 항우의 군사는 이제 유방의 군사에게 공격을 당하지만 헤어날 길이 없었다. 마침내 초나라 항우의 군사들은 죽거나 사방으로 뿔뿔이 흩어져 도망갔다.

항우가 그나마도 얼마 남지 않은 패잔병을 모아 진을 치고 있는데, 이상한 일이 벌어졌다. 밤만 되면 사방에서 초나라의 노랫소리가 들려 오는 것이었다. 그렇지 않아도 초나라 군사들은 잔뜩 풀이 죽어 고향 생각, 집 생각만 하고 있는데, 밤마다 초나라의 노래가 들려 오니 더욱 고향이 그리워졌다.

한나라 군사에게 포위당해 있던 초나라 군사들은 한 사람 두 사람 창과 칼을 버리고는 고향으로 도망치기 시작하였다.

이 광경을 본 초나라의 항우는,
"아, 이제 싸움은 끝났도다. 천하를 주름잡던 초나라가 한나라에게 망하고 마는구나!"
하고 탄식하였다.

한나라에는 장량이란 장수가 있었다. 장량은 작전에도 뛰어났지만 심리전, 즉 창과 칼로 싸우기보다 적의 마음을 움직여 사기를 잃게 하는 술책이 뛰어난 장수였다.

바로 이 장량이 노래 작전을 폈던 것이다. 장량은 초나라 군사를 포위한 뒤 화살은 한 대도 쏘지 않고 밤마다 사방에서 초나라 노래〔四面楚歌〕를 부르게 했던 것이다.

결국 초나라 왕 항우는 더 견딜 수가 없었다. 그는 칼을 뽑아 스스로 목숨을 끊었다. 이렇게 해서 한나라 왕 유방은 장량의 사면초가 작전으로 천하를 차지하게 된 것이다.

 **사면초가**:몹시 어려운 일을 만났을 때를 이르는 말

四	面	楚	歌
넉 **사**	낯 **면**	나라 **초**	노래 **가**
四	面	楚	歌

고사성어

진진과 소양

사족(蛇足)
뱀의 발이란 뜻으로, 하지 않아도 될 일을 쓸데없이 하거나 또는 아무 필요가 없는 것

중국의 초나라 때 이야기이다.

초나라의 회왕은 소양이란 장수에게 군사를 주어 위나라를 치게 하였다. 소양은 왕의 명령을 받들고 위나라에 쳐들어가 항복을 받았다. 이 소식을 들은 초나라 회왕은 몹시 기뻐하였다.

"장하도다. 소양이 돌아오면 원하는 대로 높은 벼슬을 주겠노라."

소양은 위나라를 쳐들어간 기세로 다시 군사를 이끌고 이웃에 있는 제나라를 공격하려 하였다. 이 소식을 들은 제나라 임금 민왕은 크게 걱정하며 신하들을 모아 회의를 하였다.

"경들은 들으라. 지금 초나라 장수 소양이 위를 쳐 없애고 이제 곧 우리 제나라를 또 침공한다 하니 이 일을 어찌하면 좋겠는가?"

민왕의 말을 들은 신하들은 서로 얼굴만 바라보며 꿀먹은 벙어리처럼 말을 못하였다. 이 때 진진(陳軫)이란 신하가 앞으로 나섰다.

"폐하, 걱정하실 필요가 없사옵니다. 신이 소양을 만나 싸움을 그만두도록 하겠습니다."

진진이 자신 있게 말하자, 민왕은 눈을 번쩍 뜨고 반가워하였다.

"아니 그대가 소양을 만나겠다고? 경은 외교에 능하고 말을 잘 하니 꼭 그렇게 해 주길 바라노라."

"그럼 다녀오겠나이다."

진진은 임금 앞에서 물러나 곧 말을 타고 초나라 진지로 달려가 소양을 만났다.

"장군! 초나라의 법에 대해서 묻고자 합니다."

"말해 보시오."

"초나라의 임금 회왕께선 싸움터에 나아가 크게 이긴 자에게 어떤 상을 내리십니까?"

"상주국이란 높은 벼슬을 주고, 규(珪)라는 작위를 하사하지요."

"상주국보다 높은 벼슬은 무엇입니까?"

"영윤(令尹)이오."

"그럼 장군은 이미 영윤이 되지 않았습니까?"

"그렇다마다요."

소양은 자랑스러운 듯이 어깨를 추스리며 수염을 매만지는 것이었다.

"장군, 그렇다면 영윤 위에 또 무슨 자리가 있습니까?"

"으흠, 영윤이 최고 자리요!"
"이제 장군은 싸움을 거두셔야 합니다. 다시 제나라를 공격해 보았자 별다른 소득이 없지 않습니까? 이제 싸움을 더 하심은 쓸데없는 일이 될 것입니다."
진진은 소양의 얼굴빛을 살피면서 이야기를 계속하였다.
"옛날 어떤 사람이 큰 술잔 하나 가득 술을 부어 놓고 하인들을 불렀습니다.
'너희들 중에 뱀을 제일 먼저 그리는 사람에게 이 술을 마시게 하겠다.' 그러자 하인들은 막대기로 땅바닥에 뱀을 그리기 시작했지요. 그런데 그림을 잘 그리는 하인이 제일 먼저 그려 놓고 뽐냈습니다.
'자, 나는 뱀을 다 그렸다. 너희들은 아직 반도 못 그렸구나. 자, 나는 이렇게 발까지 그릴 수 있어.'
그는 뱀의 양쪽에 발까지 그려 놓았습니다. 이것을 본 다른 하인이 방긋 웃으며 말했습니다.
'이 술은 내가 마시겠네. 무슨 놈의 뱀이 발까지 달렸나? 발 달린 뱀을 본 적 있나?'
그리고는 술을 냉큼 마셔 버렸습니다. 지켜 보던 주인도, 뱀을 먼저 그렸다고 뽐내던 하인도 아무 말을 못하고 바라보기만 했다는 이야기입니다.
장군! 당신은 이미 초나라에서 제일 높은 벼슬에 오르지 않았습니까? 이제 다른 나라를 친다 해도 더 오를 자리가 없으며, 만약 잘못되어 싸움에 지는 날이면 오히려 벼슬에서 쫓겨나거나 목숨마저도 위태로워질 뿐입니다. 공연히 잘 그린 뱀에다 다리까지 그리는 셈이 아닙니까?"
이 말을 들은 소양은 다음 날 군사를 거두고 초나라로 돌아갔다.

 **사족:** 아무 필요 없는 것을 일컬음.

蛇	足		
뱀 **사**	발 **족**		
蛇	足		

고사성어

양진과 왕밀

사지(四知)
하늘이 알고(天知), 땅이 알고(地知), 네가 알고(予知), 내가 안다(我知), 즉 세상에는 비밀이 없다는 뜻

중국의 후한 시대였다.

나라가 썩을 대로 썩어 관리들은 백성 속이기를 일삼고, 사람들이 질서를 지키지 않아 사회는 어지러웠다. 그러다 보니 올바른 마음씨를 가지고 세상을 바르게 살아가는 사람은 보기 드물었다.

후한의 제6대 임금 안제 때 양진(楊震)이란 사람이 있었다. 그 사람은 일찍이 학문에 마음을 쏟아 학식이 풍부하고 인격이 훌륭하여 주위 사람들로부터 많은 존경을 받았다.

양진이 동래군의 태수(고을 사또)가 되었을 때의 일이다. 그는 동래군으로 가던 도중, 창읍이란 곳에서 날이 저물어 객사(여관)에 들었다. 외로운 객사에서 혼자 묵고 있는데 웬 사람이 찾아왔다.

"태수님, 오래간만에 뵙겠습니다."

"아니, 그대는 창읍 현령 왕밀이 아닌가?"

"예, 그렇습니다. 태수님이 형주에 계실 때 신세를 많이 진 왕밀입니다."

"아, 그래 참 반갑소!"

양진이 형주 자사(감찰관)로 있을 때, 학식과 재주가 많은 왕밀을 관리로 추천해 준 적이 있었다. 다시 말하면 양진은 왕밀에게 출세의 길을 열어 준 은인인 셈이다.

두 사람은 오랜만에 만나 이 얘기 저 얘기 지나간 이야기로 시간 가는 줄 몰랐다.

그런데 시간이 얼마나 흘렀을까? 이야기를 나누던 왕밀이 옷깃 속에서 무엇인가를 꺼내 슬그머니 양진 앞에 내미는 것이었다.

"이게 뭔데?"

"태수님께서 동래군으로 가신다는 소문을 듣고 갑자기 선물을 마련할 길이 없어 집에 있던 금을 싸 가지고 왔습니다. 적지만 저의 성의이오니 거두어 주십시오."

양진과 왕밀

왕밀은 황금 열 냥을 싸 가지고 온 것이었다. 양진은 이것을 보고, 부드럽고 엄숙한 목소리로 말했다.

"도로 넣게. 내가 자네의 학식과 인격을 인정하는 만큼 자네도 나의 사람됨을 알지 않나?"

"태수 어른, 제가 왜 태수 어른의 높으신 인격을 모르겠습니까? 자나깨나 잊지 않고 있습니다. 하오나 이것은 제가 어른을 존경하는 마음의 표시로 올리는 것입니다."

왕밀은 한사코 황금을 건네려 하였다.

"내가 자네를 위해 특별히 해준 것은 하나도 없네. 자네는 스스로가 사람답게 훌륭히 자라 벼슬길에 나아갔을 따름이야. 그래도 정 나에게 무엇인가 해 주고 싶다면 어느 직책에 있든 백성을 위하여 맡은 일을 정직하게 해내면 된다네."

마음이 곧기로 대쪽 같은 양진은 왕밀에게 점잖게 타이르듯 말했다.

"아니올시다, 태수 어른. 그렇게 원리 원칙만 따지지 마시고 저의 성의를 받아 주십시오. 더구나 이 밤중에 방 안에는 태수님과 저밖에 누가 또 있습니까? 소인이 옛정으로 올리는 것이니 거두어 주십시오."

왕밀은 사정하다시피 하며 금을 다시 집어 양진의 무릎 위에 공손히 올려놓았다. 이것을 본 양진은 왕밀을 무서운 눈으로 쏘아보면서 큰 소리로 나무랐다.

"이 사람아! 나와 자네 단 두 사람뿐이니 아무도 모른단 말인가? 그러나 하늘이 알고, 땅이 알고, 그 다음엔 자네가 알고 내가 알지 않나! 천지(天知)·지지(地知)·여지(予知)·아지(我知)."

낯이 뜨거워진 왕밀은 금을 도로 넣어 가지고 객사에서 물러났다.

 **사지**:세상에는 비밀이 없다는 말임.

四	知		
넉 **사**	알 **지**		
四	知		

고사성어

인도 할머니와 스님

사필귀정(事必歸正)
세상 모든 일은 처음에는 옳고 그름을 가리지 못해 잘못 되더라도 언젠가는 반드시 밝혀져 바르게 되어 간다는 뜻

옛날, 인도에 가난한 할머니가 살고 있었다. 할머니는 남편도 일찍 죽고, 자식도 없이 외롭게 지냈다. 그러니 더욱 돈이 필요했다.

'혼자 살아 가려면 돈을 많이 벌어야지.'

할머니는 돈벌 궁리를 한 끝에 우유 장사를 하기로 하였다. 다음 날부터 할머니는 목장에 가서 우유를 한 통씩 받아다 이집 저집 이고 다니면서 팔았다.

그러나 할머니는 조금이라도 더 많은 돈을 벌기 위하여, 목장에서 가져온 우유에다 물을 조금씩 타서 양을 늘렸다.

할머니로부터 우유를 사 마시는 사람들은 할머니가 우유에 물을 탄 사실을 알 까닭이 없었다. 그저 우유가 조금 묽다는 생각을 할 따름이었다.

어느 날, 그 우유를 마시는 사람 가운데 한 사람이 할머니한테 물었다.

"할머니 우유는 좀 묽은 것 같아요. 왜 그렇지요?"

할머니는 시치미를 딱 떼고 이렇게 둘러댔다.

"아, 그 우유는 보통 것과 달라요. 우리 우유는 그냥 암소

젖이 아니라, 흰 젖소 우유란 말이오."
"아, 그래요. 부처님의 사자라고 하는 귀한 흰 암소젖이라구요?"
사람들은 놀라워했다.
이런 소문이 퍼지자 할머니의 우유는 점점 더 잘 팔렸다. 인도에서는 흰 소를 매우 귀하게 여기기 때문이다.
할머니는 사람들 눈을 속여 몇 해 동안에 많은 돈을 벌었다. 옛날에는 돈을 은행에 저금하는 것이 아니라, 그 돈으로 금은 보석으로 된 반지나 목걸이, 귀고리 등을 사서 몸에 지니고 살았다.
할머니는 몹시 흐뭇했다. 날마다 보석 패물을 몸에 지니고 사는 것이 큰 기쁨이었다.
'이젠 친구에게 자랑 좀 해야지.'
이렇게 생각한 할머니는 있는 패물을 온몸에 지니고

　친구네 집으로 갔다. 할머니는 패물을 자랑하며 놀다가 다시 집으로 돌아오는 길에 개천을 건너게 되었다.
　개천의 징검다리를 뛰어넘는 순간, 그만 귀고리가 물 속에 '퐁당!' 하고 떨어져 버렸다. 그 귀고리는 패물 가운데 가장 값진 물건이었다.
　할머니는 깜짝 놀라 물 속을 들여다보았으나 귀고리는 흔적도 보이지 않았다.
　개천은 맑고 얕아서 물 속이 다 들여다보이는데도 금방 떨어진 귀고리는 보이지 않았다.
　할머니는 미친 듯이 물 속으로 들어가 이리저리 헤매면서 찾아보았지만 떨어뜨린 귀고리를 찾을 수 없었다.
　날이 어두워지기 시작하였다.
　"그 귀고리를 내가 어떻게 벌어서 산 것인데? 아이구,

억울해라, 엉엉엉……"
할머니는 그만 개천에 주저앉아 울음을 터뜨렸다.
이 때 늙고 점잖은 스님 한 분이 걸어왔다.
"할머니는 어찌하여 차가운 개천에 주저앉아 우십니까?"
스님이 할머니에게 물었다.
"스님, 저의 억울한 이야기를 좀 들어 보세요. 그리고 스님께서 제발 좀 찾아 주세요."
그러면서 할머니는 스님의 손을 잡고 사정을 말한 뒤 잃어버린 귀고리를 찾아 달라고 애원하였다.
스님이 할머니에게 타이르듯 조용히 말하였다.
"할머니의 귀고리는 물론, 다른 패물까지도 모두 제자리로 돌아갔습니다."
"스님, 제자리로 돌아가다니요? 아이구, 내 팔찌! 내 반지!"
할머니는 스님의 말뜻을 알아차리지 못하였다.
"잘 들어 보세요. 할머니! 할머니의 돈은 물을 타서 번 돈이 아닙니까? 그러니까 할머니가 몸에 지닌 모든 보석 패물은 물로 되돌아간 것이지요. 할머니의 눈에는 보이지 않지만 저기 저 물에 흘러가고 있습니다. 나무 관세음 보살……"
스님은 할머니가 우유에 물을 섞어 팔아서 돈을 번 사실을 알고 있었던 것이다.
할머니는 스님 앞에 꿇어앉아 용서를 빌었다.
"스님, 이 늙은 것이 잘못했습니다. 남을 속여 번 돈으로 몸치장을 하고 자랑스러워했습니다. 앞으로 어찌하면 잘못을 용서받고 편안하게 살 수 있는지, 그 방법을 가르쳐 주십시오."

인도 할머니와 스님

"가르쳐 드리지요. 돈이나 보석처럼 형체가 있는 것은 쓸모없는 것이지요. 할머니가 남 모르게 우유 속에 물을 탄 것처럼, 이제부터는 남 모르게 좋은 일을 하십시오. 할머니가 흰 소라고 거짓말을 하여 남을 속인 죄값으로 이제부터는 남을 도와 주고 친절을 베푸십시오. 그렇게 하면 잃어버린 귀고리보다 더 값진 마음의 보물을 구할 것입니다."

그 뒤부터 할머니는 완전히 달라졌다. 마을 구석을 돌아다니면서 우는 아기를 업어 주고, 남의 집 대문 앞을 쓸어 주고, 앓는 사람 간호도 해 주었다.

수고한 값을 드리면,

"아닙니다. 이 늙은 것이 어디에 쓸 데가 있다고 돈을 받겠습니까?"

하고 사양하였다.

마을 사람들 사이에선 할머니에 대한 칭찬이 자자하였다.

"할머니, 저희 집에 와 사세요. 할머니가 쉬실 방이 있어요."

"저희 집에 오세요. 우리와 함께 사셔요."

"할머니, 우리 식구가 되어 주세요. 할머니를 이제부터 어머니로 모시겠습니다."

착한 할머니를 만난 사람들은 할머니를 서로 모셔 가려고 하였다.

할머니는 스님의 가르침대로 욕심을 버리고 마을 사람들의 사랑과 존경을 받으며 행복하게 살았다. ❋

 **사필귀정**:모든 일은 반드시 밝혀져 바르게 되어 간다는 뜻

事	必	歸	正
일 **사**	반드시 **필**	돌아갈 **귀**	바를 **정**
事	必	歸	正

유비와 제갈량

삼고초려(三顧草廬)
유비가 제갈량의 오두막집을 세 번씩이나 찾아갈 정도로 예의를 다한다는 말. 일을 부탁하기 위해서 온 정성을 쏟는다는 뜻

중국 삼국 시대 이야기이다.

「삼국지」에 나오는 유비, 관우, 장비 등은 우리들이 널리 알고 있는 이름난 인물들이다.

촉나라를 세운 유비는 손잡고 일할 수 있는 관우, 장비 같은 훌륭한 장수들이 있었으나 그들은 싸움에 뛰어날 뿐 계략을 잘 세우는 전략가는 아니었다.

싸움이란 용감한 장수도 필요하지만, 요즘의 작전 참모처럼 싸움의 전략을 잘 세우는 일도 매우 중요한 것이다.

유비는 작전 참모가 될 만한 사람을 찾으려고 애를 많이 썼다.

'천하를 한 손에 쥔 나지만, 이 세상에 가장 아쉬운 것은 역시 뛰어난 머리를 지닌 인물이로다!'

유비는 이렇게 마음 속으로 뇌까리면서 사람을 찾아 돌아다녔다. 그런데 한 번은 양양이란 곳의 와룡강 언덕 기슭에 초막을 짓고, 어지러운 난리를 피해서 숨어 사는 사람이 있다는 소식을 들었다.

그는 제갈량이라고 하는 사람인데 군사 전략에 무척

뛰어나다는 것이었다. 유비의 마음이 얼마나 기뻤겠는가?
　유비는 선물을 정성껏 마련해 가지고 물어물어 제갈량의 집을 찾아갔다.
"이리 오너라!"
　제갈량이 살고 있다는 오두막집에서 나이 어린 동자가 나왔다.
"선생님은 지금 안 계십니다."
　나이 어린 동자는 이렇게 한 마디 대답을 던지고는 도로 들어가 버리는 것이었다. 유비는 더 물어 볼 수도 없어 그냥 돌아서고 말았다.
　천하를 휘어잡고 호령하는 유비가 이 무슨 망신스러운 일이란 말인가!
　그러나 유비는 조금도 불쾌하게 여기지 않고 돌아왔다.

며칠이 지난 뒤, 유비는 선물을 나귀에 가득 싣고 제갈량의 오두막집을 찾아갔다.
"이리 오너라."
"누구신지요?"
"며칠 전에 찾아왔던 사람이니라. 선생님께서는 안에 계시느냐?"
"선생님은 지금 안 계십니다."
유비가 묻자, 동자는 지난 번과 똑같은 대답을 하고 들어가 버렸다.
"선생님이 안 계신다니 할 수 없지."
유비는 또 그대로 돌아왔다.
유비와 함께 갔던 관우와 장비는 몹시 언짢아했다.
"아니, 이렇게 산 속에 묻혀 살면서 뭐 그리 대단하다고……."
"제갈량은 예의도 없는 인간입니다. 한 번도 아니고 두

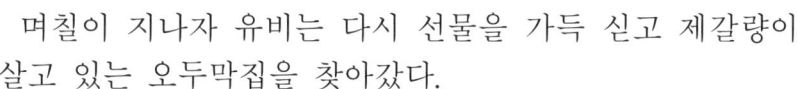

번씩이나 먼 길을 찾아왔는데도 만나 주지 않다니요."

둘은 유비에게 불평을 털어놓으면서 제갈량을 만날 필요가 없다고 하였다.

유비는 이 말을 듣고 빙그레 웃었다.

며칠이 지나자 유비는 다시 선물을 가득 싣고 제갈량이 살고 있는 오두막집을 찾아갔다.

"이리 오너라. 선생님, 계시느냐?"

제갈량은 세 번이나 찾아온 유비의 그 정성과 끈기에 감동하였다.

"어서 오십시오."

제갈량은 유비를 공손히 맞이했다.

서로 정중히 인사를 나눈 뒤 유비는 제갈량의 손을 꼭 잡으며 도움을 청하였다.

"공은 저를 위하여, 그리고 우리 촉나라를 위하여 큰 힘이 되어 주시오."

"소생이 무얼 안다고 여기까지 찾아오셨습니까?"

제갈량은 무척 겸손하게 대답하였다. 그러나 제갈량은 마침내 유비 밑에서 군사 전략의 일을 맡게 되었다.

천하를 안은 유비였건만 나라를 올바로 다스리기 위해, 평민 제갈량을 몸소 세 차례나 찾아가 정중히 부탁하였으니, 그의 훌륭한 마음을 충분히 짐작할 수 있다.

 **삼고초려**: 어떤 일을 이루기 위해 온 정성을 다한다는 뜻

三	顧	草	廬
석 **삼**	돌아볼 **고**	풀 **초**	오두막 **려**
三	顧	草	廬

성충과 계백

살신성인(殺身成仁)
목숨을 바쳐 인(仁)을 이룬다는 말. 옳은 일을 위해서는 목숨이라도 바친다는 뜻

『논어』의 「위영공편」에 나오는 글귀이다.

공자는 '지사(志士:뜻이 있는 선비)나 인인(仁人:어진 사람)은 자기 한 몸 살기 위하여 인을 배반하지 않고 스스로 목숨을 바쳐 인을 이룬다.'라고 가르쳤다.

백제가 신라와 당나라의 연합군에게 망하기 전의 일이다. 계백 장군은 의자왕이 나라일은 돌보지 않고 날마다 궁녀들과 어울려 술과 노래와 춤으로 세월을 보내는 것이 몹시 안타까웠다.

'이러다 머지않아 나라가 위급한 지경에 이르겠구나!'

그는 위급한 일에 대비할 생각으로 임금과 다른 신하들 몰래 날랜 군사 5천 명을 뽑아 결사대를 조직해 두었다. 이 때 백제에는 성충이란 충성스런 신하가 있어 그 동안 여러 차례 임금께 아뢰었다.

"폐하! 지금 북으로는 고구려, 동으로는 힘이 강한 신라가 우리 백제를 넘보고 있사옵니다. 폐하께선 궁녀들을 물리치고 나라일에 전념하시어 국력을 튼튼히 기르는 일에……"

"에잇, 듣기 싫도다! 태평 성대를 누리고 있는 이 때 무엇이 쳐들어온다고 이리 귀찮게 구느냐?"

의자왕은 바른 말 잘 하는 성충을 옥에 가두어 죽게 하고 말았다.

이 일이 있고, 얼마 안 되어 마침내 신라 군사가 탄현으로 쳐들어왔다. 백제군의 총사령관인 계백 장군은 이 사실을 곧 임금께 아뢰었다. 그 때서야 어리석은 의자왕은 깜짝 놀라서 어쩔 줄 몰라했다.

"신라 군사가 탄현으로 쳐들어온다고? 장군! 이거 큰일 났소."

"폐하, 이런 일을 대비해 훈련시켜 둔 결사대가 있사온데 신이 거느리고 전장에 나아가 목숨을 바쳐 싸우겠나이다."

계백은 왕에게 하직 인사를 하고, 곧 군사를 거느리고 싸움터를 향해 말을 달렸다.

그런데 장군은 싸움터로 떠나기 바로 전에 무슨 생각을 했는지, 집으로 달려가 아내와 아들 형제를 불러 앉혔다.

"부인, 이번 싸움에서 백제는 신라군에게 망할 것이오. 우리 가족이 신라 군사의 더러운 칼에 죽느니, 차라리 내 칼에 깨끗하게 죽는 게 장군의 아내와 자식의 도리일 것이오."

계백은 시퍼런 칼을 뽑아 아내와 아들들의 목을 쳤다. 그 길로 계백 장군은 5천 명의 군사를 이끌고 황산벌(지금의 논산)로 달려갔다. 물밀 듯이 쳐들어오는 신라군을 바라보다가 계백 장군은 결사대에게 엄숙한 목소리로 명령하였다.

"백제 군사들은 듣거라! 옛날 월나라 구천은 불과 5천 군사로 오나라의 70만 대군을 쳐부수어 승리를 거두었다. 이제 우리 백제 군사는 일당 백(한 사람이 백 명을 이겨 냄)으로 적과 싸워 이겨야 한다. 우리 결사대는 이미 죽음을 각오한 몸! 무엇이 두렵겠느냐? 신라군에게 포로가 되어 욕되게 사느니보다, 조국을 위하여 깨끗이 죽어 나라와 조상께 그 은혜를 보답하자!"

계백 장군이 백마에 앉아 긴 칼을 뽑자, 군인들은 용기를 내어 죽기를 각오하고 싸웠다. 백제의 5천 결사대는 신라·당나라 연합군과 맞서 네 차례의 큰 승리를 거두었다.

그러나 워낙 적은 수여서 도저히 30만이 넘는 적군을 물리칠 수는 없었다. 결국 '살신성인'의 굳은 의지로 백제군은 있는 힘을 다해 싸우다 죽었다.

백제의 장군 계백은 끝까지 싸우다 마지막에는 제 칼로 목숨을 끊어 장부의 씩씩한 기상을 보였다.

 **살신성인**: 옳은 일을 위해서는 목숨이라도 바친다는 뜻

殺	身	成	仁
죽일 **살**	몸 **신**	이룰 **성**	어질 **인**
殺	身	成	仁

변방 늙은이와 말

새옹지마(塞翁之馬)
변방 늙은이의 말이란 뜻으로 인간의
운명은 미리 짐작할 수 없음을 일컬음.

옛날 중국 변방(국경 지대)에 한 노인이 살고 있었는데, 아무도 그 노인의 이름을 몰라 그저 새옹(塞翁)이라 불렀다. '새옹'이란 변방에 사는 늙은이란 뜻이다.

그 새옹은 말을 먹이고 기르는 게 취미요 생활이었다. 그의 젊은 아들까지 말을 좋아하여 집 앞 넓은 터에 준마 여러 마리를 길렀다.

하루는 새옹이 기르던 말 가운데 가장 용맹스러운 말 한 필이 고삐를 끊고 울타리를 넘어 어디론가 달아났다.

달아나는 말을 보고 아들은 가까운 국경까지 쫓아갔다. 그러나 말은 국경을 넘어 남의 나라 땅 먼 숲 속으로 사라졌다. 가장 아끼던 용맹스런 말을 잃어버린 아들은 집에 돌아와 날마다 그 준마를 생각하며 한숨으로 나날을 보냈다. 풀이 죽은 아들에게 새옹이 하루는 이렇게 타이르며 위로하였다.

"아들아, 오늘도 달아난 말을 생각하며 슬픔에 젖어 있구나. 그럴 필요없다. 이 세상의 모든 화복(괴로움과 즐거움)은 한 군데 머물러 있지 않고 빙빙 돌아다니는 법이니라. 지금 말을 잃은 불행이 나중에 오히려 행운이 될지 누가 아느냐? 반대로 지금 네가 큰 행운을 맞이하여 크게 기뻐한다고, 그 행운이 언제까지 계속되겠느냐? 그게 도리어 재앙이 될 수도 있단다. 그러니 자연의 변화에 따르며 살아가자꾸나."

아버지의 말을 들은 아들은 홀가분한 마음으로 정신을 가다듬었다.

"아버님 말씀을 들으니 제가 잘못했다는 생각이 듭니다. 이제부터 잃어버린 말을 그리워하지 않겠습니다."

몇 달이 지난 어느 날, 변방 국경 너머에서 자욱한 먼지를 일으키며 한 마리 말이 달려오고 있었다.

"아니, 웬 말이 저렇게 먼지를 일으키며……."

그 말은 쏜살같이 마을로 들어서더니 새옹의 집으로 달려가지 않는가! 그런데 말은 한 필이 아니었다. 수십 필의 말이 뒤를 따르고 있었다.

뜻밖에도 달아났던 새옹의 준마가 북방에서 호마(胡馬-오랑캐 나라의 말) 여러 필을 데리고 옛 주인을 찾아 돌아왔던 것이다.

새옹과 그 아들은 기뻐서 어쩔 줄 몰라했다. 잃어버린 말이 돌아온 것도 큰 기쁨이었지만, 생각지도 않게 여러 필의 다른 말을 얻었으니 큰 횡재이기도 했기 때문이었다.

너무도 기뻐서 어쩔 줄 모르던 아들은 돌아온 말의 목을 부둥켜안았다.

"사랑하는 내 말아, 네가 얼마나 보고 싶었는지 아느냐? 너는 정말 의리 있는 말이다. 주인을 잊지 않고 다시 찾아오다니! 게다가 다른 말까지 데리고 왔으니……."

그러자 말은 젊은이의 말을 알아들은 듯이 머리를 끄덕이며 꼬리를 흔들었다.

그러던 어느 날 새옹의 아들은 준마가 데리고 온 호마들을 길들인다고 호마를 타고 달리다가 그만 말에서 떨어져 한쪽 다리가 부러졌다.

마을 사람들은 모두 걱정을 하였다. 그러나 새옹은 조금도 걱정하지 않고 이렇게 말했다.

"걱정할 것 없소이다. 말에서 떨어져 죽지 않은 것만도 다행이지요. 그게 오히려 큰 복이 될지 누가 압니까? 다 하늘에 맡겨야지요."

그로부터 몇 달 뒤, 북쪽 오랑캐 군대가 쳐들어와 변방의 마을 젊은이들을 모두 끌고 갔다. 그런데 말에서 떨어져 한쪽 다리를 못 쓰게 된 새옹의 아들은 끌려가지 않았다.

그야말로 전화위복(재앙이 바뀌어 도리어 복이 됨)이 된 셈이다. 인간 세상의 모든 일은 누구도 짐작하기 어려운 노릇이다.

이 이야기는 『회남자』란 책에 나온다.

 **새옹지마:** 운명은 미리 짐작할 수 없음을 일컬음.

塞	翁	之	馬
변방 **새**	늙은이 **옹**	갈 **지**	말 **마**
塞	翁	之	馬

물과 물고기

수어지교(水魚之交)
물고기가 물을 떠나서는 살 수 없듯이, 아주 친하여 서로 떨어질 수 없는 사이를 뜻함.

 중국의 삼국 시대 때, 촉나라 왕이 된 유비는 훌륭한 사람을 잘 골라 그의 참모로 썼다. 요즘의 대통령 특별 보좌관 같은 것이었다.
 이 무렵 제갈량이란 사람은 깊은 산골 초가집에 숨어 살았는데, 유비는 제갈량을 세 번이나 찾아가 나라일을 도와 달라고 부탁하여 마침내 제갈량을 작전 참모로 쓰게 되었다.
 제갈량의 머리와 재주는 아무도 따를 수 없었다. 유비도 감탄하지 않을 수 없었다. 유비는 제갈량을 후하게 대접하여, 제갈량도 매우 만족해했다.
 유비는 제갈량보다 나이도 많았고, 나라의 모든 권력도 쥐고 있었지만 젊은 제갈량을 스승으로 깍듯이 모시었다.
 유비는 밥을 먹을 때도, 잠을 잘 때도, 어느 곳에 나들이를 할 때도 제갈량과 함께 행동하였다. 이것을 본 관우와 장비는 몹시 화가 났다.
 관우·장비는 유비와 형제의 의를 맺은 뒤, 함께 나가 싸워서 큰 공을 세워 세상에 널리 이름을 날리던 터였다.

관우와 장비는 누구보다도 자기들이 촉나라 왕이 된 유비로부터 특별 대우를 받아야 마땅하다고 늘 생각해 왔었다. 그런데 자기들을 뒤로 제치고 제갈량이 더 많은 대접을 받으니 관우와 장비는 몹시 화가 났다.

어느 날, 관우와 장비는 유비를 찾아가 마구 따졌다.

"제갈량이 아무리 재주가 있고 지혜가 뛰어나다 하더라도 우리가 보기엔 너무 지나칩니다."

이 말을 들은 유비는 입가에 웃음을 띠면서 타이르듯 말했다.

"자네들 보기에 지나친 것 같지만, 내가 제갈량을 얻은 것은 물고기가 물을 얻음일세〔水魚之交〕. 그러함이니 자네들은 섭섭하다는 말을 다시는 입 밖에 내지 말게."

 이 말을 들은 관우와 장비는 유비 앞에서 다시는 불평하지 않았다고 한다.
 『삼국지』의 「촉지」에 나오는 이야기이다.
 우리가 일생 동안 살아가는 데 있어서 부모 형제도 중요하고 일가 친척도 중요하지만, 그보다 더 값지고 귀중한 것은 '물고기와 물'의 관계처럼 뜻을 함께 하고 한평생을 같이 지낼 수 있는 친구를 사귀는 일이다.
 얼핏 생각하면, 우리에겐 친구가 수없이 많은 것 같다. 학교 교실에서 함께 공부하는 동무들, 한 동네 이웃에서 함께 사는 동무들, 밖에서 사귀는 이런저런 벗들…….
 그 얼마나 많은가?
 하지만 아는 사람, 사귄 동무의 수가 많음을 자랑으로 내세울 수는 없다.
 유비와 제갈량의 관계만큼 일생 뜻을 함께 할 수 있는 참된 친구를 한 사람이라도 갖고 있다면 바로 그 사람이 가장 행복하다고 하겠다. ❄

 **수어지교:** 아주 친하여 서로 떨어질 수 없는 사이를 뜻함.

水	魚	之	交
물 **수**	고기 **어**	갈 **지**	사귈 **교**
水	魚	之	交

개와 양

아전인수(我田引水)
내 논에 물을 끌어들인다는 뜻. 어떤 일이나 말을 자기 편에 유리하게 만듦.

양과 개가 한 집에서 살고 있었다.
 그런데 양은 개에게 불만을 가지고 있었다. 어느 날 양이 주인에게 말했다.
 "주인님! 사람들이 하는 짓은 도무지 어리석고 마땅치가 않아요."
 "이 녀석, 너는 풀을 뜯어먹고 젖이나 많이 만들고, 털이나 잘 기르면 될 것이지, 뭐가 그리 불만이냐?"
 "저는 주인님을 위해서 무엇이든지 바치고 있단 말이에요. 따뜻한 털과 새끼, 또 영양가 높은 젖까지 드리잖아요. 그런데 저는 먹이마저 스스로 구해야 합니다. 내 발로 돌아다니며 풀을 뜯어먹어야 하니 말예요. 저 그늘 아래 누워 빈둥빈둥 놀고 있는 개를 좀 보세요. 개는 주인님께 해 드리는 것도 없으면서 날마다 맛있는 밥과 누룽지, 게다가 맛있는 고기 반찬까지 먹으니 뭔가 크게 잘못되어 있다구요."
 양은 몹시 불만스러운 목소리로 불평을 털어놓았다.
 주인은 웃으면서 양이 한 말을 그대로 개한테 전했다.

그러자 이 말을 들은 개가 양한테 와서 타이르듯 말하는 것이었다.
"조금 전에 자네가 주인님한테 한 말이 틀리지는 않네. 하지만 자네는 하나만 알고 둘은 모르는 답답한 친구일세."
"아니, 내 말이 틀리지 않는다면서 그건 또 무슨 소리야?"
"나는 주인님께 아무것도 바치는 건 없네. 하지만 그걸로 내 할 일은 다한 셈이야. 생각 좀 해 보게나. 내가 없으면 자네가 편히 살 수 있겠는가? 도둑이 훔쳐갈 수도 있고, 늑대나 이리가 물어갈 수도 있지 않겠나? 내가 집 안에 떡 버티고 있음으로 해서 주인 집이 편안한 것이라네. 내가 있으니까 사람도, 자네 같은 짐승도 마음놓고 살 수 있다 이 말일세, 알겠나?"
개가 하는 말을 듣고, 양은 그제서야 저만 잘났다고 뽐내지 않게 되었다.

＊ ＊ ＊

공작새가 할 일이 없어 왔다갔다하고 있는데, 때마침 학이 그 옆을 지나가게 되었다.

공작새는 학을 보자 갑자기 기운이 난 듯 찬란한 꽁지 날개를 부챗살처럼 활짝 펴 보이면서 이렇게 말하는 것이었다.

"학님, 제 날개를 좀 봐 주십시오. 모두들 무지개처럼 곱다고 부러워하더군요. 에헴!"

공작은 학 앞에서 마치 춤추듯이 걸으며 자랑하였다. 그러면서 은근히 학을 깎아 내리는 것이었다.

"그런데 학님은 다르지요. 제 날개와는 비교가 안 될 만큼 당신의 날개는 더럽고 보잘것 없잖아요? 나의 금빛·파란빛·보랏빛 눈부신 날개와 화려한 옷을 보고 부러워하지 않는 새가 없답니다."

가만히 듣고 있던 학이 점잖게 공작새의 말을 받았다.

"공작님, 당신 말처럼 내 옷차림이야 보잘것 없지요. 그러나 나도 한 가지 자랑을 가지고 있지요."

"아니, 학님의 자랑이야 그 멋대가리도 없이 기다란 다리밖에 뭐가 있겠습니까?"

"나는 높디높은 하늘로 날 수 있는 희고 긴 날개와 또 저 멀리 달나라 별나라까지 들릴 목청을 가졌는데, 당신은 얼룩거리는 날개 하나 가지고 닭 따위들과 땅바닥이나 왔다갔다할 뿐이오. 그게 뭐 그리 대단하다고요?"

한창 자랑을 늘어놓던 공작새는 창피해서 그만 학 앞에서 모습을 감추었다.

 **아전인수:** 어떤 일이나 말을 자기 편에 유리하게 만듦.

我	田	引	水
나 **아**	밭 **전**	이끌 **인**	물 **수**
我	田	引	水

영공과 안자

양두구육(羊頭狗肉)
양의 머리를 걸어 놓고 개고기를 판다는 말로, 겉은 그럴 듯하나 속은 변변치 못함을 일컬음. 또는 겉과 속이 다름을 뜻함.

　중국 춘추 시대 제나라에서 있었던 이야기다.
　제나라 임금 영공은 매우 이상한 취미를 가지고 있었다. 그것은 예쁜 여자들을 골라 남자 옷을 입혀서 데리고 다니며 노는 것이었다. 그래서 궁중의 젊은 여자들에게 남장을 시키곤 했다. 이것을 본 신하들은 여기저기서 수군거렸다.
　"임금의 취미는 정말 이상해. 여자들에게 남장을 시키다니……."
　"그러게 말입니다. 이러다가는 남자들에게 여자 옷을 입히지나 않을지 걱정스럽군그래."
　"에이그, 망측스러워라. 저게 무슨 취미람."
　그런데 이런 일은 궁중 안에서만 일어나는 게 아니었다. 소문이 궁궐 밖에까지 퍼지자, 이상하게도 길거리에 남장한 여인들이 여기저기 눈에 띄기 시작하더니 날이 가고 달이 갈수록 점점 그 수가 많아지는 것이 아닌가!
　이 말을 들은 임금은 몹시 노하였다.
　"아니, 궁중에서만 은밀히 하고 있는 일을 백성들이

영공과 안자

흉내내다니! 이제부터 궁궐 밖에서 여자가 남장을 하고 다니면 큰 벌을 내릴 것이니 각별히 조심하라고 이르렷다."

그러나 이상하고 망측스런 풍습은 임금의 명령에도 아랑곳없이 점점 퍼져 나가기만 하였다. 거리는 온통 남장 여인네들이 활보하는 세상이 되었다.

임금이 재상 안자를 불러 물었다.

"재상은 들으시오. 과인이 백성들에게 그처럼 엄히 말했는데도 거리에 남장한 여인이 자꾸만 늘어가고 있다니 어찌된 일이오?"

그러자 안자는 이렇게 대답하였다.

"아뢰옵기 황공하오나, 궁중에서 백성들에게 본을 보이심이 옳은 줄 아옵니다. 왕께서는 궁중의 모든 여자들에게 남장을 하라고 하시면서 백성들에게만 하지 말라고 하시니, 이는 마치 소의 머리를 문 앞에 걸어 놓고 안에서는 말고기를 파는 것과 무엇이 다릅니까? 원하옵건대 왕께서 궁중 여자들에게도 남장을 못하게 명령을 내리신다면 백성들의 남장 여인 풍습은 저절로 없어질 것입니다."

제나라의 임금 영공은 안자의 말을 듣고 크게 깨달았다. 임금은 곧 명을 내렸다.

"여봐라. 궁중의 모든 여자들은 남장을 벗고 반드시 여장을 하도록 하라. 과인의 말을 어기는 자는 큰 벌을 받을 것이니라."

임금의 명령이 떨어지자, 궁중에는 삽시간에 남장한 궁녀가 사라졌다. 그러자 얼마 안 가서 대궐 밖 백성들 사이에서도 여자가 남장하는 나쁜 버릇이 어느 새 사라져 버렸다.

* * *

  우리 주위의 장사꾼들 가운데 가짜 물건을 진짜처럼 파는 사람이 있는데 이것도 '양두구육'과 다를 바 없다.
  꿀값이 비싸다는 소문을 듣고, 어떤 사람은 설탕을 녹여 끓인 뒤 벌집을 구해다 섞어 꿀처럼 만들어 팔기도 하고, 또 어떤 사람은 메밀가루도 아닌 밀가루에다 검은 재를 넣어서 가짜 냉면을 만들어 팔기도 한다는 것이다.
  또, 우리 나라 사람이 대만이나 홍콩에 갔다가 우황청심환 같은 귀한 약을 비싸게 주고 사 오는 경우가 많은데 대개가 가짜를 사 온다는 것이다. 소머리인 줄 알고 사 왔는데 알고 보니 말머리나 개머리인 셈이다.
  이렇게 우리 사회는 가짜가 진짜처럼 판을 치기 때문에 오히려 진짜가 가짜 대접을 받는 수가 많다고 한다.
  하나둘 가짜가 나돌기 시작하면 세상은 금세 가짜들로 꽉 차게 될 것이다.

양두구육:겉은 그럴 듯하나 속은 변변치 못함을 일컬음.

羊	頭	狗	肉
양 **양**	머리 **두**	개 **구**	고기 **육**
羊	頭	狗	肉

고사성어 조개와 물새

어부지리(漁父之利)
두 사람이 다투다가 제3자에게 이익을 빼앗긴다는 뜻으로 씀.

아득한 옛날, 중국 연나라 때의 일이다.
나라에 흉년이 들어 백성들이 굶주림에 허덕였다.
'옳지! 연나라에 흉년이 들어 백성들이 힘이 빠져 있으니 이럴 때 연나라를 쳐 없애자.'
이웃에 있는 조나라는 이런 생각을 하며 군사를 뽑아 열심히 훈련을 시켰다.
이것을 안 연나라 왕은 조나라의 침략을 힘으로는 막아낼 수 없으므로 외교에 능한 소대라는 사람을 조나라에 보내기로 하였다.
소대는 말솜씨가 뛰어난 사람이었다.
연나라 임금이 소대에게 말을 했다.
"조나라가 곧 쳐들어온다 하는데 우리가 싸워서는 이길 수가 없소. 경이 조나라 임금을 만나 능한 말솜씨로 싸움을 막아 주오."
"전하, 분부받자와 곧 조나라 임금을 만나겠습니다."
소대는 곧 조나라 혜문왕을 찾아갔다.
"제가 조나라로 오는 길에 참으로 우스운 일을 보았습

니다."
"흠, 우스운 일이 무엇인고?"
"예, 역수를 건널 때 물가를 내려다보니 큰 조개 하나가 물가에 나와 입을 딱 벌리고 있었습니다. 그 때 마침 물새가 조개의 그 먹음직스러운 살을 보고 쪼아 먹으려고 부리를 조개 입 속으로 들이밀었습니다."
"그것 참 재미있군. 그래서?"
"깜짝 놀란 조개가 얼른 입을 다물었습니다. 그러자 물새의 부리는 조개에게 물리게 되었습니다. 물새가 말했습니다.
'자네가 내 부리를 물고 그대로 있다가는 오늘도 내일도 비만 안 오면 말라 죽을걸세.'
이 말을 들은 조개가 물새를 보고 '너는 살 것 같으냐?

내가 오늘도 내일도 놓지 않으면 너도 죽을 것이다.' 이렇게 대꾸하는 것이었습니다."
"그래서 다음은 어떻게 됐나?"
조나라의 혜문왕은 침을 삼키며 뒷이야기를 재촉했다.
"예, 폐하! 조개와 물새가 서로 자기 말이 옳다고 옥신각신 싸우고 있는데, 때마침 고기를 잡으러 가던 어부 한 사람이 '이게 웬 횡재냐!' 하고 얼른 조개와 물새를 잡아갔습니다. 아뢰옵기 황공하오나 신은 조나라가 저희 연나라를 치려 하고 있음을 잘 알고 있습니다. 연나라가 조개라면 조나라는 물새입니다. 전쟁이 일어나 연나라와 조나라가 아옹다옹 싸우다 보면 결국 옆에 있는 힘센 진나라가 가만히 지켜 보다가 힘이 빠진 연·조 두 나라를 그냥 집어삼킬 것은 뻔한 노릇이 아니겠습니까? 진나라는 결국 어부지리를 얻게 될 것입니다. 폐하, 통촉해 주시옵소서."

소대의 말을 듣고 조나라의 혜문왕은 고개를 끄덕였다.
"그대의 말이 옳도다!"
마침내 혜문왕은 연나라를 쳐들어갈 생각을 버리게 되었다. 공연히 힘없는 연나라를 넘보다가 힘센 진나라에게 큰일을 당할 것을 생각하니 소대의 말이 백 번 옳다고 여긴 것이다.

『전국책』에 실려 있는 이 이야기는 오늘의 우리에게도 큰 교훈을 주고 있다.

우리가 사소한 이익을 위해 쓸데없이 다투다가 때로는 전혀 생각지 않았던 제3자에게만 좋은 결과를 주는 수가 많기 때문이다. ✤

 **어부지리:** 관계없는 사람이 뜻하지 않게 이익을 본다는 뜻

漁	父	之	利
고기잡을 **어**	아비 **부**	갈 **지**	이로울 **이**
漁	父	之	利

임금님과 구둣방 영감

역지사지(易地思之)
처지를 서로 바꾸어서 생각함. 남을 생각하지 않고 자기 입장만 내세울 때 쓰는 말

  옛날에 어진 임금이 있었다.
  그 임금은 늘 백성들의 어려움과 아픔을 살피기 위하여 옷을 갈아입고 여기저기 돌아다니기를 좋아하였다.
  그리고 가난한 사람, 땀 흘리며 열심히 일하는 사람, 병든 사람 등을 보고 그 처지를 안타깝게 여기곤 했다.
  어느 날 농부 옷차림을 한 임금은 거리를 돌아다니다가 주막에 들러 술 마시는 사람들의 이야기에 귀를 기울였다.
  "올해엔 날이 너무 가물어 큰 걱정이야."
  "글쎄, 농사가 잘 되어야 먹고 살 수 있을 텐데……."
  "배고픈 백성들이 많다는데."
  임금은 이 말을 들으니 가슴이 아팠다.
  '저 백성들 입에서 살기 좋다는 말이 나와야 내 마음이 편할 텐데.'
  이렇게 생각한 임금은 다시 거리로 나왔다. 모든 사람들이 열심히 일을 하고 있었다. 수레를 끄는 노인도 있고, 닭에게 모이를 주는 아낙네도 있고, 양에게 풀을 뜯기는 어린 아이도 있었다.

임금은 어떤 초라한 구둣방 앞에 이르렀다.
"수고가 많으시군요, 영감님."
농부 차림을 한 임금은 구둣방 영감 앞에 앉아 말을 걸었다. 그런데 구두를 고치는 영감은 불만스러운 말투로 대답하는 것이었다.
"입에 풀칠을 하자니 별 수 있소? 이 못된 놈의 팔자!"
"하기야 일하지 않고 잘 사는 사람이 어디 있겠소?"
이 말에 구둣방 영감이 빙긋 웃었다.
"있지요, 딱 한 사람!"
"그게 누구요?"
임금은 호기심이 생겨 물어 보았다.
"누구긴 누구겠소? 이 나라 임금이지요. 높고 깊은 대궐 안에서 임금님이 하는 일이 뭐가 있겠소. 좋은 옷 입고 호강만 하지요."
"아, 정말 그럴 법도 하네요. 임금이라……."
구둣방 영감과 임금은 가까운 주막집으로 들어갔다.
임금과 구둣방 영감은 마주 앉아 술을 마셨다.

"자, 술맛도 좋습니다. 많이 드시지요."
"아…… 이거 취하는데."
"술이야, 취하라고 마시는 거 아니겠습니까? 주모! 술 좀 더 가져오시오."
임금은 일부러 구둣방 영감에게 술을 자꾸 마시게 하였다. 몸을 가눌 수도 없게 술을 마신 영감은 너무 취하여 마룻바닥에 쓰러져 버렸다.
임금은 술값을 치른 뒤, 곧 대궐로 돌아와 신하를 불렀다.
"대궐 밖 주막집에 가면 술 취해 누워 있는 영감이 있을 것이다. 그 영감이 깨지 않도록 조심해서 업어 오도록 하라."
신하는 힘센 장사를 데리고 나가 술에 취해 잠들어 있는 구둣방 영감을 업고 대궐로 돌아왔다.
"이 영감을 곧 나의 거처로 옮기도록 하라!"
"예? 임금님 거처로 말씀이옵니까?"

아무 영문도 모르는 신하는 다시 영감을 임금님 방으로 옮겨 뉘었다.
　임금은 구둣방 영감의 옷을 몰래 벗기고 임금이 입는 옷을 입혔다. 그리고 왕관까지 씌워 임금이 앉는 의자에 기대어 앉혀 놓았다.
　다음 날 아침, 구둣방 영감은 술에서 깨어나 정신을 차렸다.
　"아니, 내가 임금님의 옷차림이라니? 이게 어찌된 일인가?"
　깜짝 놀란 영감은 어찌할 바를 몰랐다.
　이 때 밖에서 인기척이 나더니 대신 한 사람이 무슨 서류를 가지고 나타나는 것이 아닌가?
　"대왕 마마, 이 세금 문서를 살펴보아 주십시오."

대신은 문서를 공손히 내밀었다.
'나보고 대왕 마마라고? 내가 정말 임금이 되었단 말인가?'
구둣방 영감은 정신이 아찔해졌다. 이게 꿈인지 생시인지 모를 일이었다. 그런데 무엇보다도 글씨를 모르는 무식한 영감인지라 어찌할 수가 없었다.
영감은 서류를 펴 보는 체하다가 대신에게 돌려 주면서 말했다.
"아, 알아서 잘 처리하도록 하시오."
"예, 알겠습니다. 대왕 마마."
대신이 나가자 또 다른 대신이 들어왔다.
"마마, 이 문서는 외교에 관계되는 문서입니다. 결재를……"
"아…… 알았소. 그대가 잘 처리하시오. 난 머리가 좀 아파서……."
그 대신이 나가자 또 다른 대신이 문서를 가지고 들어와 공손히 내미는 것이었다.
구둣방 영감은 짜증이 날 지경이었다.
영감이 머리가 아프다고 하자, 잠시 뒤 의사가 나타났다.
"대왕 마마, 몸이 많이 야위셨습니다. 이러다가는 큰 병이 나시겠습니다."
의사는 여기저기에 마구 침을 놓는 것이었다.
'이거 내가 꿈을 꾸는 건가? 진짜 임금이 된 것인가?'
구둣방 영감은 울상이 되어 잠을 못 이루었다. 그 때 예쁜 궁녀가 술상을 차려 들고 들어왔다. 아주 독한 술이었다.
"마마, 피곤하신 것 같사온데 술을 한 잔 드시옵소서."
영감은 궁녀가 따라 주는 술을 마셨다. 술맛이 참 좋았다.

"술을 또 따라라."

구둣방 영감은 술을 잔뜩 마시고 취해서 쓰러졌다. 이때 임금이 나타나, 영감의 옷을 벗기고 다시 원래의 옷을 입혔다. 그리고 사람을 시켜 대궐 밖 구둣방에다 뉘어 놓으라고 하였다.

임금은 다음 날, 농부의 옷차림을 하고 다시 그 구둣방으로 찾아갔다. 임금은 시치미를 떼고 영감에게 말을 걸었다.

"영감님, 며칠 사이에 몸이 많이 야위셨군요. 무슨 일이라도 있었습니까?"

"말도 마시오. 요전에 형씨가 사 준 술을 마시고 취해서 며칠 동안 임금님이 된 꿈만 꾸었더니 이 모양이 되었소."

"그래요? 놀고 먹으며 호강만 한다는 임금님 노릇을 하셨다니 기분이 참 좋았겠습니다그려."

이 말을 들은 구둣방 영감은 손을 내저으며 이렇게 말하였다.

"에이, 말도 마슈. 난 이제 억만금을 준대도 임금 노릇은 안 하겠소. 남 보기엔 좋아도 이 구둣방 수선하는 나보다 못하더군요. 도무지 잠시도 편히 쉴 새가 없어요."

임금은 빙그레 웃으며 또 한 마디 물었다.

"영감님, 임금님도 하는 일이 많은 모양이지요?"

"그럼요, 임금님 하는 일이 한두 가지가 아닙디다."

"역지사지, 바꾸어 놓고 생각해 볼 필요가 있군요."

농부 차림새를 한 진짜 임금은 이렇게 말하면서 흐뭇한 마음으로 돌아섰다.

 **역지사지**:처지를 서로 바꾸어서 생각함.

易	地	思	之
바꿀 **역**	땅 **지**	생각 **사**	갈 **지**
易	地	思	之

고사성어 우공과 옥황 상제

우공이산(愚公移山)
어리석은 영감이 산을 옮겨 놓는다는 뜻으로,
정성을 다할 때 안 되는 일이 없음을 일컫는 말

『열자』에 나오는 이야기이다.

중국의 하북성 남쪽에 왕옥산과 태행산이란 크고 험한 산이 있었다. 이 산기슭에 나이 팔십이 넘는 우공(愚公)이란 늙은이가 가족을 거느리고 살았다.

이 늙은이는 물론 그 가족들에겐 늘 걱정거리가 한 가지 버티고 있었다.

우공의 집 양쪽에 솟아 있는 왕옥산과 태행산이 그들의 생활에 큰 불편을 주는 것이 걱정거리였다.

어디를 가려 해도 두 산 때문에 멀리 돌아가야만 했고, 두 산이 햇빛을 가려 낮도 짧기만 해 여간 불편하지 않았다.

어느 날, 우공은 가족을 한자리에 불러 모으고 이렇게 말했다.

"우리 식구에게 저 두 산이 여간 불편한 게 아니구나. 우리 식구가 힘을 모아 저 산을 평평하게 깎아 길을 만들면 어떻겠느냐?"

"아! 좋은 생각이에요, 아버지."

"할아버지, 그렇게 해요."

산을 깎아내리자는 우공의 말에 아들도 손자도 모두 찬성하였다. 그러나 우공의 부인은 반대하였다.
　"아니, 영감이 이제 망령이 드셨소? 영감의 힘으로는 잿더미만한 언덕도 파지 못할 텐데, 저 태산 같은 험한 산을 깎아 평평하게 만들다니요? 그리고 그 많은 흙과 돌은 어디다 치우시려구요?"
　"그야 넓은 천지에 버릴 데가 없겠소? 없으면 저 북쪽 은토 땅에다 버리면 되지요."
　우공과 다른 가족들은 마치 동화 같은 이야기를 하면서 모두들 자신만만했다. 다음 날부터 여든 살이 넘은 우공과 아들, 손자 할 것 없이 가족이 모두 나와 산을 허물기 시작하였다. 참으로 우스운 노릇이었다. 가족 10여 명이 그 큰 산을 깎아내리겠다니!
　그러나 우공과 그 가족들은 큰 희망에 부풀어 있었다. 땅을 파는 사람, 돌을 굴리는 사람, 목도질을 하는 사람……. 그들은 잠시도 쉬지 않고 열심히 일을 하였다.

이 광경을 지켜 보던 이웃 사람이 웃음을 터뜨렸다.
"영감님, 이 큰 산을 깎아내리다니요. 너무도 어리석은 짓입니다. 이렇게 하여 어느 세월에 평평한 길을 만든단 말입니까?"
우공은 젊은이의 말을 듣고, 웃으면서 대답했다.
"자네 생각은 어찌 그렇게 얕은가? 지금 당장 일이 이루어지지는 않지만, 내가 죽더라도 내 아들이 있고, 아들은 또 손자를 낳지 않는가? 그 손자가 또 자식을 낳고, 그 뒤를 이어 자손은 자꾸 불어난단 말일세. 허나, 한 삽 두 삽 깎아내리는 산이야 어찌 불어난단 말인가? 이 산은 언젠가는 평평해질걸세. 그러니 자네가 걱정할 일이 아니야."
이웃 젊은이는 말문이 막혀 버렸다. 우공 영감의 말이 백 번 옳았기 때문이다.
하늘나라 옥황 상제가 우공이 산을 허물고 있다는 이야기를 들었다.
"허허, 우공이 이미 팔순이 넘었거늘, 용기를 잃지 않고 식솔들과 산을 깎아내린다고? 장한지고, 암 장하다말다! 내 우공의 정성에 감동하여 도와 주겠노라."
옥황 상제는 곧 힘센 장사를 불러 명령하였다.
"너는 지금 곧 우공이 사는 마을로 내려가 우공이 허물고 있는 두 산을 들어 다른 곳에 옮겨 놓고 오너라."
옥황 상제의 분부를 받은 장사는 산 하나를 들어 삭동이란 곳에, 또 하나는 옹남이란 곳으로 옮겨 놓고 돌아갔다.
이렇게 하여 어리석기 그지없는 우공의 소원은 드디어 이루어졌다. '지성이면 감천'이란 말은 이를 두고 하는 말일 것이다.

 **우공이산**:정성을 다할 때 안 되는 일이 없음을 일컬음.

愚	公	移	山
어리석을 **우**	어른 **공**	옮길 **이**	뫼 **산**
愚	公	移	山

고사성어 위강과 이율곡

유비무환(有備無患)
일이 벌어지기 전에 미리 준비를 갖추어 두면 뒷걱정이 없다는 뜻

『춘추좌씨전』에 다음과 같은 이야기가 있다.

중국의 정나라가 군사를 일으켜 송나라로 쳐들어갔다.

갑자기 정나라에게 침략을 당한 송나라는 위급함을 피할 길이 없어 이웃 진나라에 알리고 구원을 청했다.

진나라의 도승은 이 말을 듣고 곧 노·제·조 등 열두 나라에 이 사실을 알려 연합군을 편성하였다. 그리고 위강이란 장수를 연합군 사령관에 임명하였다.

위강은 열두 나라의 군대로 편성된 막강한 연합군을 이끌고 정나라 서울을 포위한 뒤 으름장을 놓았다.

"침략자 정나라 왕은 송나라 침략에 대한 잘못을 빌어라! 그렇지 않으면 지금 포위하고 있는 열두 나라의 군대로 단숨에 도성(서울)을 쳐 없애겠다."

정나라 왕은 가슴이 철렁 내려앉았다. 연합군에게 도성을 포위당하였으니 대책이 없지 않은가!

정나라 왕은 곧 나아가 잘못을 빌고 앞으로는 절대로 쳐들어가지 않겠다는 불가침 화해 조약을 열두 나라와 맺었다.

　이 나라들은 모두 북방에 있는 나라이므로 이번에는 남쪽의 초나라가 그냥 있지 않았다.
　"정나라 따위가 감히 우리 초나라를 빼돌리고 북방의 열두 나라와 조약을 맺다니! 안 되겠다. 초나라의 맛을 좀 보여 주어야겠다."
　초나라는 곧장 군사를 풀어 정나라를 침략하였다. 초나라는 여러 나라 가운데 가장 힘센 나라이므로 정나라로서는 도저히 대항할 수 없었다. 그리하여 초나라와도 불가침 조약을 맺고 말았다.
　정나라의 이러한 얄팍한 태도를 보고, 북방의 열두 나라는 몹시 괘씸하게 생각한 나머지 다시 연합군을 보내어 정나라로 쳐들어갔다. 그러자 이번에도 힘이 부친 정나라는 잘못했다고 사과하며 화해를 청했다.
　정나라는 진나라에 감사의 뜻으로 수많은 값진 보물과

예쁜 가희(노래를 잘 부르고 춤을 잘 추는 여자)들을 선물로 보내 주었다.

 진나라의 도승은 정나라에서 보내 온 가희들을 위강에게 보내어 싸움터에서의 고달픔을 한때나마 달래 주고자 하였으나 위강은 이를 사양하면서 이렇게 말하는 것이었다.

 "편안히 지낼 때는 언제나 위태함이 있음을 생각해야 하고, 위태로움을 생각하면 항상 준비가 있어야 합니다. 충분한 준비가 있으면 근심과 후환이 없는 법입니다."

 이 말을 들은 도승은 위강의 깊은 생각에 감탄하여 예쁜 가희들을 모두 다시 정나라로 돌려 보냈다.

* * *

 조선의 명종 임금 때, 병조 판서를 지낸 율곡 이이는 나라를 걱정하여 임금께 '10만 양병론'을 말씀드렸다.

 "전하, 지금이 태평성대라고 해서 나라의 방비를 소홀히 함은 이웃 다른 나라에게 쳐들어올 수 있는 틈을 보여 주는 꼴이 됩니다. 그러므로 유비무환을 생각하여 군사 10만을 훈련시키고 무기를 가다듬어 놓음이 옳은 줄로 아뢰옵니다."

 그러나 임금은 물론 다른 신하들도 율곡의 말을 건성으로 들으며, 오히려 그를 나무랐다.

 "공은 어찌하여 평화로운 때 긁어 부스럼을 만들어 백성들의 마음을 두려움에 가득 차게 하시오? 쓸데없이 군사를 뽑아 훈련을 시킨다면 백성들은 곧 난리가 일어나는 줄로 알 것 아니오!"

 율곡이 죽은 뒤 얼마 안 있어 마침내 왜군이 우리 나라를 쳐들어와 7년 동안 분탕질을 쳤다. 그것이 임진왜란이었다.

유비무환: 일이 벌어지기 전에 준비해 두면 걱정이 없음.

有	備	無	患
있을 **유**	갖출 **비**	없을 **무**	근심할 **환**
有	備	無	患

고사성어

변장자와 진진

일거양득(一擧兩得)
한 가지 일을 함으로써 두 가지 이득을 얻음.
일석이조(一石二鳥)란 말과 비슷한 뜻임.

『춘추후서』란 책에 나오는 말이다.
　옛날 변장자라고 하는 매우 힘센 장사꾼이 길을 가다가 날이 저물어 어떤 여관에 묵게 되었다.
　그런데 갑자기 밖이 소란스러웠다.
　"호랑이가 나타났다!"
　"호랑이 두 마리가 소를 잡아먹으려 한다."
　"아니? 호랑이가 나타났다고?"
　변장자는 방 구석에 세워 둔 칼을 들고 밖으로 뛰쳐나가려 했다. 그 때 여관에서 심부름을 하던 총각이 서두르는 변장자의 모습을 보고 이렇게 말하였다.
　"손님, 그렇게 서두를 필요가 없습니다."
　"아니, 서두를 필요가 없다니? 호랑이가 나타났다는데 가만히 지켜 보고만 있으란 말이냐?"
　"호랑이는 한 마리가 아니고 두 마리가 나타난 거예요. 그러니 그 놈들은 서로 자기가 소를 잡아먹으려고 저희끼리 싸울 것입니다. 가만 놔 두면 두 마리 중 힘이 약한 놈은 힘센 놈한테 죽을 겁니다."

"그래서?"
"그러나 힘센 호랑이도 틀림없이 여기저기 상처를 입고 기진맥진하여 지쳐 있을 것입니다. 그 때쯤 지쳐 있는 호랑이를 때려 잡으면 별로 힘들이지 않고 두 마리 호랑이를 한꺼번에 잡을 수 있지요. 어때요? 제 생각이……."
변장자는 무릎을 치며 감탄하였다.
"옳거니! 듣고 보니 그야말로 일거양득이구나."
호랑이 한 마리가 쓰러져 죽은 뒤 남은 호랑이 한 마리를 변장자는 별로 힘들이지 않고 잡을 수 있었다.
아주 손쉽게 두 마리의 호랑이를 얻어 뜻밖의 횡재를 한 것이다.

또, 『전국책』이란 책에는 이런 이야기도 있다.

한나라와 위나라는 사이가 좋지 않아 1년 이상 싸움을 계속하였다. 이 때, 진나라의 임금이 신하들을 불러 앉히고 의견을 물었다.

"경들은 들으시오. 지금 한나라와 위나라가 저렇게 싸움을 계속하고 있는데, 우리는 가까이 있는 처지라, 어느 한쪽을 도와야 되지 않겠소?"

신하들은 어느 나라를 도와 주어야 좋을지 열심히 의논을 하였다.

이 때 진진(陳軫)이란 슬기로운 신하가 입을 열었다.

"폐하, 지금 남의 나라 싸움판에 끼어드는 것은 옳지 않은 줄로 아뢰옵니다. 그것보다는 뒷날을 도모하는 것이……."

"뒷날을 도모하다니? 무슨 좋은 수라도 있단 말이오?"

"두 나라가 계속 싸우다 보면 결국 한쪽이 싸움에 져 망하고 말 것입니다. 그리고 싸움에 이긴 나라도 전쟁 물자를 대느라 백성들 살림이 어려울 테고, 군사들도 기진맥진하여 지쳐 있을 것입니다. 이를 노려 이긴 나라를 쳐들어가면, 우리는 큰 힘을 들이지 않고 두 나라를 한꺼번에 멸망시킬 수 있으니 일거양득이 아니옵니까?"

진나라 임금은 진진의 말을 듣고 몹시 기뻐하며 그대로 따랐다.

 **일거양득**: 한 가지 일을 함으로써 두 가지 이득을 얻음.

一	擧	兩	得
한 **일**	들 **거**	두 **양**	얻을 **득**
一	擧	兩	得

고사성어
소금장수와 당나귀

자업자득(自業自得)
자기가 저지른 잘못의 대가는 자기 스스로 받는다는 말

　어느 마을에 소금장수 한 사람이 살고 있었다. 그 사람은 당나귀 등에다 무거운 소금을 가득 싣고 이 마을 저 마을 찾아다니며 소금을 팔았다.
　소금장수는 소금을 실은 당나귀를 끌고 산을 넘기도 하고, 때로는 시냇물을 건너기도 하였다.
　어느 날, 한낮이었다. 소금장수는 깊은 냇물을 건너게 되었다. 소금장수가 당나귀 고삐를 잡고 시냇물 한가운데 이르자, 당나귀는 그만 큰 돌에 걸려 넘어지고 말았다. 그 바람에 당나귀 등에 실었던 소금 가마니가 물에 흠뻑 젖어 버렸다.
　당나귀와 소금장수는 가까스로 물을 건넜다. 그런데 이상한 일이었다. 물에 넘어지고 나니 등에 실은 소금 짐이 여간 가벼워진 게 아니었다. 소금이 물에 녹았기 때문이다.
　'야, 참 신기하구나. 물에 넘어지고나니 이렇게 짐이 가벼워지는 걸 미처 몰랐군! 히히히.'
　속으로 매우 기뻐하며 걸어가는 당나귀에게 언뜻 좋은 생각이 스쳐 갔다.

'이제부터는 날마다 한 차례씩 물에서 넘어져야지!'
 다음 날이었다. 소금장수는 또 당나귀 등에 소금을 잔뜩 싣고 길을 떠났다.
 "에이, 이 녀석! 어제는 네가 물에 넘어지는 바람에 손해를 많이 보았다. 오늘은 물을 조심해 건너라."
 소금장수는 당나귀한테 단단히 타이르면서 길을 갔다.
 얼마 안 가다가 또 시냇물을 건너게 되었다. 소금을 등에 실은 당나귀는 시내 한가운데 이르자 또다시 발랑 넘어져 버렸다.
 당나귀 등에 실린 소금은 어제처럼 또 가벼워졌다.
 그 다음 날도 당나귀는 얕은 시냇물에서 일부러 또 넘어져 등에 실은 소금 짐을 가볍게 하였다. 그러자 당나귀의

속셈을 알아차린 소금장수는 몹시 화가 났다.

'이 못된 당나귀 녀석! 네 놈 꾀를 누가 모를 줄 아느냐? 어디 단단히 혼 좀 나봐라!'

소금장수는 이렇게 속으로 벼르고 별렀다.

다음 날 아침, 소금장수는 당나귀 등에 소금 대신 이번에는 큰 솜뭉치를 실었다. 그런 줄도 모르고 시냇물에 다다른 당나귀는 물 한가운데에 이르자 일부러 철버덩 넘어져 버렸다.

'짐이 또 반은 가벼워졌겠지?'

이렇게 생각한 당나귀는 다시 일어나 물 밖으로 걸어 나왔다. 그런데 이게 어찌된 일일까? 가벼워져야 할 등짐은 처음보다 엄청나게 무거워졌다.

당나귀는 그 날 물에 젖은 솜을 등에 싣고 하루 종일 땀을 뻘뻘 흘리면서 걸어야만 했다.

자업자득이라더니, 솜 속에 물까지 흠뻑 배어 있으니 짐이 얼마나 무거웠을까!

당나귀는 비로소 자기의 나쁜 꾀를 뉘우치고 다음부터는 열심히 소금 짐을 싣고 다녔다.

자업자득: 자기가 저지른 잘못의 대가는 자기가 받는다는 뜻

自	業	自	得
스스로 **자**	일 **업**	스스로 **자**	얻을 **득**
自	業	自	得

토끼와 개구리

자포자기(自暴自棄)
끝없는 절망에 빠져서 스스로를 괴롭히거나 못살게 굴며 자신의 삶을 포기하는 것

『맹자』의 〈이상루편〉에 나오는 자포자기란 말은 사람이 착하고 올바른 일을 행하지 않고(최선을 다하지 않고) 될 대로 되라는 식으로 삶을 포기하는 행동을 경계하고 있다.

자포자기하는 사람은 결국 자기의 운명을 개척할 수 없는 것이다.

산 속에 살고 있는 토끼들은 종종 독수리에게 채이거나 날쌘 짐승들에게 잡혀 먹이가 되기 일쑤이다. 그래서 토끼는 언제나 '어디서 누가 나를 잡으러 오지 않을까?' 하고 귀를 기울이다가 두 귀가 너무 커져 버렸다.

어느 날, 토끼들이 한 곳에 모여 회의를 하였다.

"우리들은 언제나 남에게 쫓겨다니기만 하면서 살아야 합니까?"

"그렇지만 어떡합니까? 힘이 있어야지요."

"그래도 힘을 모아 한 번쯤 죽자살자 하고 싸워 봅시다."

"그럼, 독수리들과 싸웁시다. 독수리들은 우리의 어린 아이들을 수없이 채갔으니까요."

"그럽시다. 독수리들과 전쟁을 벌이도록 합시다."

이렇게 의논하던 산토끼들은 독수리들과 싸우기로 생각을 모았다.
 이 때, 뒤쪽에서 아무 말도 하지 않고 듣기만 하던 토끼 한 마리가 말하였다.
 "생각은 좋지만, 아무래도 우리끼리 독수리들과 전쟁을 벌인다는 것은 위험한 짓이 아닐까?"
 이 말을 들은 토끼들은 또 생각이 달라졌다.
 "그럴지도 모르겠어요."
 "그럼 무슨 방법이 없을까?"
 "아, 좋은 수가 있다. 숲 속의 여우 아저씨는 마음도 좋고 힘도 세니까 여우 아저씨한테 도와 달라고 하면 어떨까?"
 누군가가 내세운 이 의견에 모두 찬성하면서 토끼들은 숲 속의 여우에게로 우르르 몰려갔다. 그리고 사정을 이야기하고 도와 달라고 말하였다.
 산토끼들의 말을 다 듣고 난 여우는 웃음을 터뜨리면서 이렇게 말하였다.

"애, 너희들 싸움에 내가 왜 끼어드니? 내가 할 일이 그렇게 없어 남의 싸움이나 도와 준다든? 그렇게 하느니 너희들부터 먼저 잡아먹어야겠다. 썩 꺼지지 못해!"

토끼들은 깜짝 놀라 도망치듯 돌아와 다시 회의를 하였다.

"우리는 왜 이렇게 약한 동물로 태어났을까?"

"우리에겐 여우 같은 꾀도 없고, 호랑이 같은 날카로운 이빨도, 사자 같은 무서운 발톱도 없으니……."

모두가 자기들의 약한 모습에 불평과 원망만 늘어놓았다.

"산 속의 모든 동물은 우리만 보면 잡아먹으려 하고, 우리는 날마다 쫓겨다니는 게 일이니 어떻게 살아간담."

"이렇게 겁내고 사느니 차라리 우리 모두 깊은 연못에 빠져 죽읍시다!"

이 말을 들은 토끼들은 모두 찬성하였다. 그리고 모두 연못으로 몰려갔다.

이 때, 연못가 풀밭에서 즐겁게 모여 놀던 개구리들이 갑자기 몰려오는 토끼 떼를 보고 깜짝 놀라 '풍덩풍덩 퐁당' 연못 속으로 도망치는 것이었다.

이 광경을 바라본 한 토끼가 말하였다.

"여러분 잠깐! 지금 풍덩풍덩 연못 속으로 도망친 게 무엇이죠?"

"그야 풀밭에서 놀던 개구리들이지요."

"우리는 모두 물에 빠져 죽으려 하는데, 우리를 보고 무서워 도망치는 개구리들도 즐겁게 살아가고 있지 않소. 우리가 죽으려 하는 건 참 어리석은 짓 같아요."

이 말을 들은 토끼들은 삶을 자포자기했던 생각을 부끄럽게 여기고 즐거운 마음으로 돌아갔다.

 **자포자기**:스스로를 못살게 굴며 자신의 삶을 포기하는 것

自	暴	自	棄
스스로 **자**	사나울 **포**	스스로 **자**	버릴 **기**
自	暴	自	棄

노루목 칠복이

전화위복(轉禍爲福)
나쁜 일이 바뀌어 오히려 좋은 일이 됨.
새옹지마(塞翁之馬)라는 말과 같은 뜻임.

　이 말은 『사기』의 「열전」에 나오는데, 생각지 않은 불행을 당했으나, 나중에 그것을 극복하고 보니 도리어 큰 행복이 되었다는 뜻이다.
　이것은 자기 운명을 스스로 개척해 나가는데 많은 교훈을 주는 말이다.

　　　　　　　　＊　＊　＊

　1960년대 우리 나라가 한창 경제 개발에 힘쓸 때였다.
　도회지에 많은 공장이 세워져서 시골 젊은이들은 남자 여자 가리지 않고 너도나도 도회지로 몰려들었다.
　노루목이란 마을은 시골 외진 곳이었다. 동네 젊은이들이 한 사람 두 사람 모두 빠져 나갔다. 마을에는 농사지을 젊은이가 없어 논과 밭을 묵히게 되었다.
　이럴 즈음, 도회지에 있는 돈 많은 사람들이 이 마을을 찾아와 땅을 사겠다고 하였다.
　돈 많은 도회지 사람들은 땅값도 더 많이 주겠다고 하였다. 이 말을 들은 노루목 사람들은 너도나도 가지고 있던 논과 밭을 다투어 팔았다. 어떤 사람은 산도 팔았다.

 어차피 농사지을 사람도 없는데다, 값도 많이 쳐준다니 모두들 얼씨구나 하고 땅을 팔았다.
 "이만한 돈을 가지고 도회지에 나가면, 집도 사고 장사 밑천도 되겠지!"
 이렇게 중얼거리며 마을 사람들은 땅을 판 돈을 가지고 하나둘 도회지로 떠나 버렸다.
 그런데 단 한 사람, 칠복이란 젊은이만은 떠나지 못했다.
 칠복이는 논도 밭도 없었다. 자그마한 오막살이 한 채에 야트막한 산 하나를 가지고 있었다. 그의 산은 팔아도 값이 너무 싸기 때문에 그 돈으로는 도회지에 나가 셋방 한 칸도 얻을 수 없었다. 그래서 칠복이는 노루목 마을에서 그냥 살았다.
 한 해, 두 해, 세 해……. 세월이 지나는 동안 칠복이는 텅 빈 마을을 지키면서 산을 일구어 약초도 심고, 닭도 치고 토끼도 기르면서 근근히 살아가고 있었다.
 들리는 소문에는 고향 친구 어떤 사람은 회사 과장도 되고, 어떤 사람은 장사를 하여 한밑천 잡았다고도 했다.

그런 소리를 들을 때마다 칠복이도 은근히 그들이 부러웠다.

팔월 추석 명절이나 정월 설 때가 되면 도회지에 나간 친구들이 멋진 양복에 번쩍이는 구두를 신고 자가용 승용차까지 타고 들어와 뽐내는 것이었다.

"야, 칠복이 잘 있었나? 너 뭣하러 혼자서 이 산골에 박혀 있니? 도회지에 나와야 빨리 돈도 벌고 출세하지."

친구들은 금테 안경을 쓰고, 번쩍이는 손목 시계를 자랑하며 칠복이를 나무라는 것이었다.

"글쎄, 나야 뭐 배운 것도 없고 돈도 없으니 시골에서 농사지으며 사는 게 제일 좋아."

칠복이는 이렇게 대답하였다.

또다시 순식간에 몇 해가 흘렀다.

이제 도시에만 세우던 많은 공장, 학교, 회사 등을 지방에 고루 세우게 되었다.

어느 날, 서울에서 많은 사람들이 노루목 마을로 찾아왔다.

"이 곳에 큰 회사와 학교를 짓게 되었습니다. 칠복씨네 산을 파십시오. 땅값은 얼마든지 드리겠습니다."

"딴 데도 땅이 많은데, 하필이면 우리 산을……."

"여기가 가장 알맞기 때문입니다. 그리고 마을을 끝까지 지키며 살아오신 칠복씨를 우리 회사의 중요한 자리에 모시겠습니다."

마을을 떠나지 못했던 칠복이는 큰 부자가 되고 회사에 취직까지 하여 행복하게 살게 되었다. 이런 경우를 두고 전화위복이라 하는 것이다.

전화위복:재앙이 바뀌어 도리어 복이 됨.

轉	禍	爲	福
구를 **전**	재앙 **화**	할 **위**	복 **복**
轉	禍	爲	福

저공과 원숭이

조삼모사(朝三暮四)
아침에 셋, 저녁에는 넷이라는 말인데, 어리석은 사람을 놀리거나 속이는 것을 뜻함.

중국의 송나라에 저공(狙公)이란 사람이 살았다. '저(狙)'라는 글자는 원숭이란 뜻의 글자인데, 그가 원숭이를 몹시 좋아해서 사람들이 저공이라고 부를 정도였다.

저공은 송나라에서 원숭이를 많이 기르는 사람으로 널리 알려져 있었다.

그러나 워낙 원숭이를 여러 마리 기르다 보니 원숭이들을 먹이는 사료값을 당해 낼 길이 없었다. 더군다나 그 해는 흉년이 들어서 사람도 먹고 살기 어려운 판국이었다.

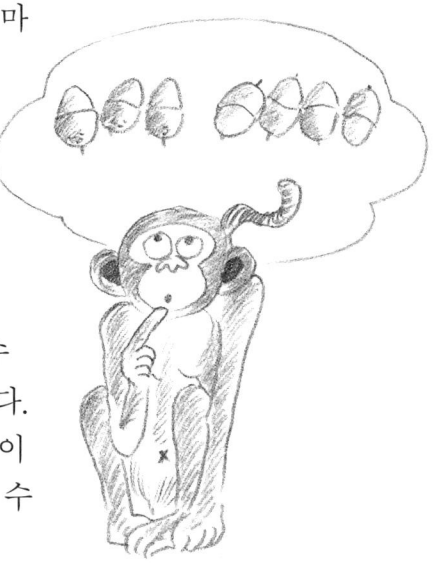

그렇다고 기르던 원숭이 수를 줄일 수도 없는 노릇이었다. 생각다 못한 저공은 원숭이들이 먹는 식량, 즉 도토리를 줄일 수밖에 없었다.

하루는 저공이 원숭이들을 불러 모았다. 그리고 원숭이들에게 물어 보았다.
"너희들 식량이 모자라서 그러는데, 먹이를 줄여 도토리를 아침에 세 개, 저녁에 네 개씩 먹으면 어떠냐?"
이 말을 들은 원숭이들은 화를 내며 소리를 꽥꽥 지르는 것이었다.
아침에 세 개, 저녁에 네 개라면 배가 고파 못 견디겠다는 원숭이들의 아우성임을 저공은 곧 알아차렸다.
저공은 무언가 잠시 생각하더니 원숭이들을 보고 다시 말했다.
"그럼, 이렇게 하는 게 어떠냐? 아침에 네 개, 저녁에 세 개씩!"
그러자 이번에는 원숭이들이 좋아서 손뼉을 치며 깡충깡충 뛰었다.

 **조삼모사**:어리석은 사람을 놀리거나 속이는 것을 뜻함.

朝	三	暮	四
아침 조	석 삼	저물 모	넉 사
朝	三	暮	四

가난을 이겨 낸 사람

주경야독(晝耕夜讀)
낮에는 밭에 나가 일을 하고 밤에는 열심히 글을 읽는다는 말로, 어려운 환경 속에서도 배움을 게을리하지 말라는 뜻임.

　동양과 서양, 과거와 현재를 돌아보아 크게 성공하고 훌륭한 일을 한 사람들은 모두가 가난하고, 불우한 환경 속에서 어려움을 이겨 내며 열심히 공부하였다. 공부를 게을리하고 편하게 살려고 하는 사람들은 대개 부족하고 불편한 것을 탓한다.
　"집에 공부방이 없어서 공부가 잘 안 된다."
　"공부할 책이 마땅치 않아서 공부할 수 없다."
　"도서실에 가 공부하면 공부가 잘 되겠는데, 우리 동네엔 그런 것도 없어."
　이런 생각들은 모두가 공부하기 싫은 학생들의 핑계에 불과하다. 옛날 사람들은 낮에는 들에 나가 열심히 일을 하고, 남들 잠자는 밤에 책을 읽으며 공부를 하였다고 한다. 그래서 '주경야독(晝耕夜讀)'이란 말까지 생겨난 것이다.
　『명심보감』이란 책에 다음과 같은 글이 있다.
　'집이 가난하더라도 가난한 것으로 인하여 학문을 포기해서는 아니 되고, 집이 부유하다 하여 부유한 것을 믿고 학문을 게을리해서도 아니 된다. 가난한 자가 만약 부지런히 배운다면 몸을 세울 수 있을 것이요, 부유한 자가 만약 부지런히 배운다면 이름이 빛날 것이다.

　배운 자가 출세하지 못하는 것을 보지 못했고, 사람으로서 성취하지 못하는 것은 또한 보지 못하였다. 배움이란 곧 몸의 보배요, 배운 사람이란 곧 세상의 보배다. 그러므로 배우면 군자가 되고, 배우지 않으면 소인이 되노니 후에 배우는 자는 마땅히 각기 힘쓸지니라.'

　또, 『한서』에서는 다음과 같이 가르치고 있다.

　'황금이 상자에 가득히 있는 것이 자식에게 경서 한 권을 가르침만 같지 못하고, 자식에게 많은 돈을 물려주는 것이 한 가지 재주를 가르침만 같지 못할 것이니라.'

공자도 그의 가르침에서 이렇게 이르고 있다.

'나는 15세가 되어서 학문에 뜻을 두었고, 30세가 되어서 학문의 기초를 이루었고, 40세가 되어서는 판단에 혼란을 일으키지 않았고, 50세가 되어서는 모든 사물의 존재 의미를 알았고, 60세가 되어서는 귀로 들으면 그 뜻을 알게 되었고, 70세가 되어서는 마음이 하고자 하는 대로 하여도 법도에서 벗어나지 않았다.'

이 말은 결국 일생 동안 꾸준히 공부를 해야 한다는 뜻이다. 이만큼 사람에게 배움이란 중요한 것이다. 또 공부를 하지 않으면 사람 구실을 제대로 못한다는 뜻이기도 하다.

중국 북송의 제8대 임금 휘종 황제는 또 이렇게 가르치고 있다.

'배운 사람은 벼와 같고, 배우지 않은 사람은 쑥과 같다. 벼와 같은 곡식은 나라의 훌륭한 양식이요, 세상의 큰 보배다. 그러나 쑥과 같은 풀은 밭갈이하는 이도 싫어하고, 김매는 농부의 큰 걱정거리일 뿐이다.

사람이 만일 배우지 않으면 다음 날에는 마치 담장에 얼굴을 대듯 속이 답답할 것이니 뉘우쳐도 그 때는 이미 늦었으리라.'

미국의 제16대 대통령으로 노예를 해방시킨 링컨은 어렸을 때 집이 너무 가난하여 책을 읽고 싶어도 책을 살 돈이 없었다. 그래서 그는 어린 시절 언제나 책을 빌려다 읽었고, 연필 살 돈이 없어 연필 대신 숯으로 글씨를 썼다.

 **주경야독:** 어려운 환경에서도 배움을 게을리하지 말라는 뜻

晝	耕	夜	讀
낮 주	밭갈 경	밤 야	읽을 독
晝	耕	夜	讀

고사성어 왕강원의 얼굴

철면피(鐵面皮)
쇠로 만든 낯가죽이란 말. 못된 짓이나 잘못을 저지르고도 부끄러운 줄 모르는 뻔뻔스러운 사람을 뜻함.

'철면피'란 말은 『북몽쇄언』이란 책에 나온다.

왕광원이란 사람은 학문과 재주가 남달리 뛰어나 일찍이 진사 시험에도 합격하여 많은 사람들로부터 부러움을 샀다.

그런데 그가 진사가 된 뒤부터는 자신의 출세와 이익을 위해서는 수단과 방법을 가리지 않는 것이었다. 즉 자기에게 조금이라도 도움이 된다고 여겨지면 온갖 부끄러움도 무릅쓰고 권력 있는 벼슬아치들에게 찰싹 달라붙어 갖은 아첨을 떠는 것이었다.

가까이 지내고 있는 벼슬아치가 밥상을 받으면 옆에 앉아 아양을 떨었다.

"나으리, 이 고기를 좀 잡수시지요. 몸에 아주 좋다고 합니다."

그러면서 고기 접시를 앞에 갖다 놓아 주는가 하면 벼슬아치가 방귀를 '뿌웅~'하고 뀌면,

"나으리! 얼마나 시원하시겠습니까?"

하고 아첨을 떠는 일이 비일비재했다.

그뿐만이 아니었다.

얼굴을 알고 있는 권력자가 시를 지으면, 옆에서 지켜보고 있다가, 입에 침이 마르도록 칭찬을 해댔다.

"아, 이 시는 정말 뛰어납니다. 이렇게 훌륭한 시는 일찍이 본 일이 없습니다. 암, 없고말고요. 저 같은 건 열 번 죽었다 깨어난다 해도 어림없답니다. 아, 저도 이런 시를 한 번 써 봤으면 죽어도 소원이 없겠습니다."

이렇게 아부를 하니 곁에 있는 다른 사람들은 낯이 뜨거워 왕강원과 함께 있을 수 없을 정도였다.

그는 상대가 자기보다 지위가 높은 사람이면 언제나 낯 간지러운 소리를 천연덕스럽게 지껄여댔다. 또, 상대가 술에 취해서 아무리 예의에 어긋난 짓을 해도 화를 내기는커녕 오히려 너털웃음을 지으며 비위를 맞추는 것이었다.

한 번은 이런 일이 있었다.

술이 잔뜩 취한 사람이 채찍을 집어들고 물었다.

"내가 자네를 이 채찍으로 때리고 싶은데, 때려도 괜찮

은가?"
"선생님의 채찍이라면 맞는 게 영광이옵죠. 자, 힘껏 때리십시오."
왕광원은 이렇게 아첨을 떨며 등을 들이대는 것이었다.
"그럼, 좋아. 에잇!"
"찰싹!"
왕광원의 등에 시퍼렇게 채찍질 자국이 남았다.
술 취한 사람이 정말 있는 힘을 다하여 왕광원을 때렸는데도 그는 화를 내기는커녕,
"아주 기분 좋습니다."
하고 그 사람에게 달라붙어 기분을 맞추는 것이었다.
이 꼴을 보다 못한 친구가 왕광원을 보고 비웃듯 물었다.

"자네는 어찌하여 부끄러움을 모르는가? 여러 사람 앞에서 그런 꼴을 당하고도 기분이 좋다니!"

그 말을 듣고 난 왕광원은 아무렇지도 않은 듯 이렇게 대답했다.

"그게 무슨 대순가? 그 사람 마음에 들면 되지."

이 말을 들은 주위의 많은 사람들이 왕광원을 가리켜, '광원의 얼굴은 철갑으로 씌운 것과 같다.'라고 하였다. 그리고 그 뒤부터 왕광원을 가까이하지 않았다.

우리 주위에도 자기의 잘못된 행동에 대하여 뉘우치지 못하고 부끄러움을 모르는 사람이 더러 있다.

이런 사람은 참으로 파렴치하고, 철면피한 사람이라고 할 수 있다. 예를 들면 사람들이 다니는 길 한복판에 자동차를 세워 놓는 사람, 버스 안에서 나이 많은 노인이 서 있는데도 모른 체하면서 경로석에 앉아 가는 젊은이. 이런 사람을 일컬어 철면피라 한다.

철면피:잘못을 저지르고도 부끄러운 줄 모르는 뻔뻔한 사람

鐵	面	皮	
쇠 **철**	낯 **면**	가죽 **피**	
鐵	面	皮	

가도와 한유

퇴고(推敲)
쓴 글을 다듬고 고치는 일. 비슷한 말이라도
어느 것이 가장 알맞은지 거듭 생각하고 살핌.

『유빈객가화록』에 아래와 같은 이야기가 있다.
　당나라 때 가도(賈島)라는 시인이 있었다. 그는 길을 가다가도 시상이 떠오르면 마치 정신이 나간 사람처럼 그 시에만 몰두하여 길을 잘못 가는 경우가 많았다.
　어느 날, 가도가 비루먹은 나귀를 타고 길을 가다 문득 한 가지 시상이 떠올랐다. 그 떠오르는 시상으로 다음과 같은 시를 지었다.

인가가 드문 곳에 한가로운 집 있어
풀에 묻힌 길이 거친 정원과 통하네.
새는 연못가 나무에서 자고
스님은 달 아래 문을 두드린다.

閑居少隣竝
草徑入荒園
鳥宿池邊樹
僧敲月下門

그런데 이 시에서 마지막 행인 '스님은 달 아래 문을 두드린다(敲)'와 '민다(推)' 두 가지 글자를 놓고 어느 것이 더 나을까 골똘히 생각하고 있었다.

'스님은 달 아래 문을 두드린다! 스님은 달 아래 문을 민다! 으음…… 어느 것이 더 좋을까?'

가도는 나귀 등에 올라앉아 길을 가면서 계속 중얼대는 것이었다.

이 때 맞은편에서 어떤 높은 분의 가마가 오고 있었다. 그러나 가도는 시짓기에 정신을 쏟고 있어서 알지 못하였다. 그렇게 계속 중얼거리다가 그는 그만 그 높은 분의 가마와 부딪히고 말았다. 그 가마의 주인은 경조윤이란 벼슬자리에 있던 유명한 시인 한유(韓愈)였다.

"나귀를 멈추어라! 감히 경조윤 나리가 가시는 길에 무례한 짓을 하다니……"

한유를 모시고 가던 관리가 눈을 부라리며 꾸짖었다.

"아차, 미안하오이다. 딴 생각을 하고 가다 그만……"

가도는 정신이 번쩍 들었다.

"너무 나무라지 마라. 보아 하니 글을 배운 선비 같은데, 무슨 생각을 그리 깊이 하면서 길을 간단 말이오?"
한유는 부드러운 미소를 띠며 가도에게 물었다.
"실은 변변찮은 시를 한 수 지었습니다. 그런데 마지막 구절의 글자 한 자를 '두드릴 고'자와 '밀 퇴'자 중 어느 것으로 하는 게 더 나은지 그것을 생각하고 있는 중입니다."
당대의 시인인 한유는 귀가 번쩍 열렸다.
"그래요? 지은 시를 한 번 읊어 보시지요. 나도 한 번 생각해 봅시다."
가도는 한유와 나란히 길을 가면서 지은 시를 읊었다.
"어떻습니까? '퇴'자와 '고'자 중 어느 편이 더 좋겠습니까?"
"내 생각엔 '고'자가 낫겠어요. 스님이 달빛 아래 남의 집 대문 앞에서 문을 미는 것보다야, 문을 똑똑 두들기는 게 더 어울리지 않겠소?"
"그게 낫겠군요. 고맙습니다."
이렇게 시 한 수를 짓는 데도, 글자 한 자를 고르는 데도 소홀히 하지 않고 끝없이 생각한다는 뜻에서 '퇴고'란 말이 생겨났던 것이다.
그래서 오늘날 글짓기를 할 때 한 번 쓴 글을 다시 읽어 보고 부분 부분 말을 다듬고 고치는 일을 '퇴고'라 한다.
우연한 일로 길에서 만난 한유와 가도는 재미있는 인연으로 평생 동안 글벗이 되어 지은 시를 서로 읽고 감상하면서 즐겁게 지냈다고 한다. 그랬기 때문에 가도와 한유는 좋은 시를 많이 남겼는지도 모른다.

 **퇴고**:쓴 글을 다듬고 고치는 일

推	敲		
밀 **퇴**	두드릴 **고**		
推	敲		

차윤과 손강

형설지공(螢雪之功)
개똥벌레의 불빛과 흰눈으로 공부하여 뜻을 이룬다는 말로서, 가난과 어려움을 견디며 열심히 공부하여 성공한 결과를 가리킴.

옛날, 중국 진나라에 차윤이란 사람이 있었다.
그는 어렸을 때부터 마음이 아주 착했으며, 남달리 글공부를 좋아하였다. 그래서 틈만 있으면 책을 읽고 글을 쓰는 것이었다. 그런데 마침 차윤이 사는 이웃에 글을 잘 하는 선비가 살고 있었다. 그 선비가 어느 날 글을 배우고 싶어하는 차윤을 불렀다.
"네가 책을 그렇게 좋아하는 걸 보니 내 마음이 기쁘구나. 사람은 공부를 열심히 해야 커서 훌륭하게 되는 것이란다. 네가 읽고 싶은 책을 내가 빌려 주겠다."
그 때는 책이 몹시 귀하고 드물던 때였다.
차윤은 뛸 듯이 기뻤다.
"선생님, 고맙습니다."
차윤은 집이 몹시 가난하였으므로 낮에는 아버지 어머니 일을 도와 들에 나가 김을 매고 나무를 해야 했다. 그래서 책은 밤에 읽어야만 했다.
지금 같으면 전깃불, 가스불 등 얼마든지 밝은 불빛으로 공부할 수 있지만, 그 시절에는 밤에 일을 하고 싶거나

책을 읽고 싶어도 불을 켤 수 없었다.

불이라야 겨우 등잔불이 있을 따름인데, 집이 워낙 가난해서 불 켤 기름을 살 돈이 없었기 때문이다.

차윤은 이웃집 선비로부터 빌려 온 책을 달빛 아래에서 읽곤 하였다. 그렇지만 그것도 비가 오는 날이나, 흐린 날에는 달빛을 이용할 수 없기 때문에 책을 읽고 싶어도 읽을 수가 없었다.

"밤에는 시간이 있는데도 불빛이 없어 책을 못 읽으니 이를 어쩌면 좋을까?"

차윤은 너무도 마음이 답답하여 밖으로 나가 들길을 걸었다. 그런데 마침 풀밭 여기저기서 반딧불이 반짝이는 게 아닌가!

"옳지, 좋은 수가 있다. 저 반딧불을 많이 모으면 그 불빛으로 책을 읽을 수 있겠다!"

차윤과 손강

차윤은 날아다니는 개똥벌레를 수백 마리 잡아서 차고 있던 주머니에 넣었다. 개똥벌레가 한 군데 모여 반짝거리는 불빛은 제법 밝았다.

차윤은 여간 기쁘지 않았다.

그는 곧 그 주머니를 방안에 나직이 매달아 놓고 열심히 글을 읽었다. 차윤은 개똥벌레가 날아다니는 여름에는 이렇게 하여 밤마다 열심히 책을 읽었다.

그는 뒷날 어른이 되어서는 벼슬길에 나아가 높은 자리에까지 올랐다.

또, 진나라에는 손강이란 사람이 살고 있었다. 그 역시 매우 정직하고 착한 선비였다.

손강이 사는 곳은 중국에서도 퍽 북쪽이라 겨울이 길고 눈이 많이 내렸다. 어린 시절, 손강의 집은 여간 가난하지

않았다. 그래서 긴 겨울 밤을 불도 못 켜고 지냈다.
 '아, 이 길고 긴 겨울 밤. 어떻게 하면 책을 읽을 수 있을까?'
 손강은 궁리 끝에 추위를 이기면서 하얀 눈빛을 이용하여 책을 읽었다. 참으로 눈물겨운 일이 아닐 수 없다.
 '눈빛을 이용하여 책을 읽는 노력'
 이것은 여간 큰 노력과 집념이 아니면 실천하기 어려운 일이다.
 손강도 뒷날 높은 벼슬을 하며 많은 사람들로부터 존경을 받았다.
 우리는 흔히 공부를 다 마친 일을 일컬어 '형설의 공을 쌓았다'고 말한다.
 이 말에서 '형'자는 개똥벌레(반디)란 글자이고, '설'은 눈이란 글자이다. 결국 '형설지공'이란 차윤과 손강이 어렵게 공부한 과정에서 비롯된 말이라 하겠다.
 '뜻이 있는 곳에 길이 있다'는 말도 '형설지공'과 뜻이 통하는 말로서, 노력을 하면 반드시 성공할 수 있다는 교훈을 주는 좋은 말이다.

형설지공:가난을 견디며 열심히 공부하여 좋은 결과를 얻음.

螢	雪	之	功
개똥벌레 **형**	눈 **설**	갈 **지**	공 **공**
螢	雪	之	功

고사성어 장승요와 스님

화룡점정(畵龍點睛)
용을 그리고 난 뒤 마지막으로 눈동자를 그려 넣는다는 뜻으로, 마지막 손질을 하여 끝맺음을 일컫는 말

　중국 양나라에 그림을 아주 잘 그리는 화가가 있었다. 이름은 장승요라 하였다.
　장승요는 본시 우군장군과 오흥태수 등의 벼슬을 지낸 사람인데, 그는 벼슬보다도 그림을 더 좋아하여 화가로 널리 알려져 있다.
　어느 날, 장승요는 금릉성 안에 있는 안락사의 스님으로부터 그림을 그려 달라는 부탁을 받았다.
　"우리 절에 오래오래 붙여 둘 그림이니 좀 잘 그려 주시오."
　"고맙습니다, 스님. 온갖 정성을 다하여 열심히 그려 보겠습니다."
　장승요는 그 날부터 안락사 벽에다 열심히 그림을 그리기 시작했다. 그는 벽에다 하늘로 막 날아올라 가려는 모습의 용 두 마리를 그렸다. 먹구름을 헤치고 막 승천하려는 용의 모습은 비늘 하나하나도, 또 날카롭게 뻗치고 있는 발톱까지도 살아 있는 모양 그대로였다. 그래서 이 그림을 보는 사람마다 감탄하였다.

그런데 한 가지 이상한 일이 있었다. 그렇게 살아 움직이는 듯한 용인데, 그 용 두 마리의 눈에는 눈동자가 없었다. 그래서 한 번은 그 그림을 본 스님이 이상히 여기고 물어 보았다.
"참으로 훌륭한 그림을 그리셨소이다. 한데 어찌하여 용의 눈에 눈동자를 그려 넣지 않았습니까?"
"스님, 눈동자를 그려 넣는다면 그 용은 반드시 벽을 박차고 하늘로 날아가 버릴 겁니다."
그 때 스님과 다른 사람들은 마음 속으로 비웃었다.
'아무리 그림을 잘 그렸다 한들, 어찌 그림 속의 용이 살아서 날아간단 말인가!'
둘러섰던 사람들은 자꾸 졸라댔다.

"설마 그림의 용이 날아가겠습니까?"
"용의 눈에 눈동자가 없으니 어딘가 이상합니다. 눈동자를 그려 넣어 주십시오."
이 말을 들은 장승요는 하는 수 없다는 듯 이렇게 말하였다.
"여러분이 굳이 내 말을 못 믿겠다니, 그럼 두 마리 가운데 한 마리에만 눈동자를 그려 넣지요."
그리고는 큰 붓에다 먹물을 찍어 용 한 마리에 눈동자를 그려 넣었다.

그러자 사람들이 흐뭇해할 겨를도 없이 갑자기 벽 속에서 천둥치는 소리와 함께 번개가 치더니 그림 속의 용 한 마리가 벽을 박차고 튀어나와 하늘로 올라가 버리는 것이 아닌가!

스님과 사람들은 깜짝 놀라 어찌할 바를 몰랐다.

잠시 뒤, 정신을 가다듬고 그림벽을 바라보니 눈동자가 없는 용 한 마리만이 남아 있었다.

이 이야기는 『수형기』에 나오는데, 이 때부터 일을 마무리짓는 것을 가리켜 '화룡점정'이라 일컬었다.

화룡점정: 마지막 손질을 하여 끝맺음을 일컫는 말

畵	龍	點	睛
그림 **화**	용 **룡**	검은 **점**	눈망울 **정**
畵	龍	點	睛

이야기 고사성어

1판 1쇄 발행 2010년 2월 20일
1판 2쇄 발행 2013년 1월 25일

엮은이
엄 기 원

그린이
김 백 송

펴낸이
조 병 철

펴낸곳
한국독서지도회

경기도 고양시 일산동구 장항동 580
TEL (031)908-8520
FAX (031)908-8595
출판등록 1997년 4월 11일 (제406-2003-016호)

✱ 이 책 내용의 일부 또는 전부를 사용하려면
　반드시 저작권자의 동의를 얻어야 합니다.
✱ 잘못된 책은 바꿔 드립니다.
✱ 책값은 뒤표지에 있습니다.
　ISBN 978-89-7788-336-9